THIS BOOK

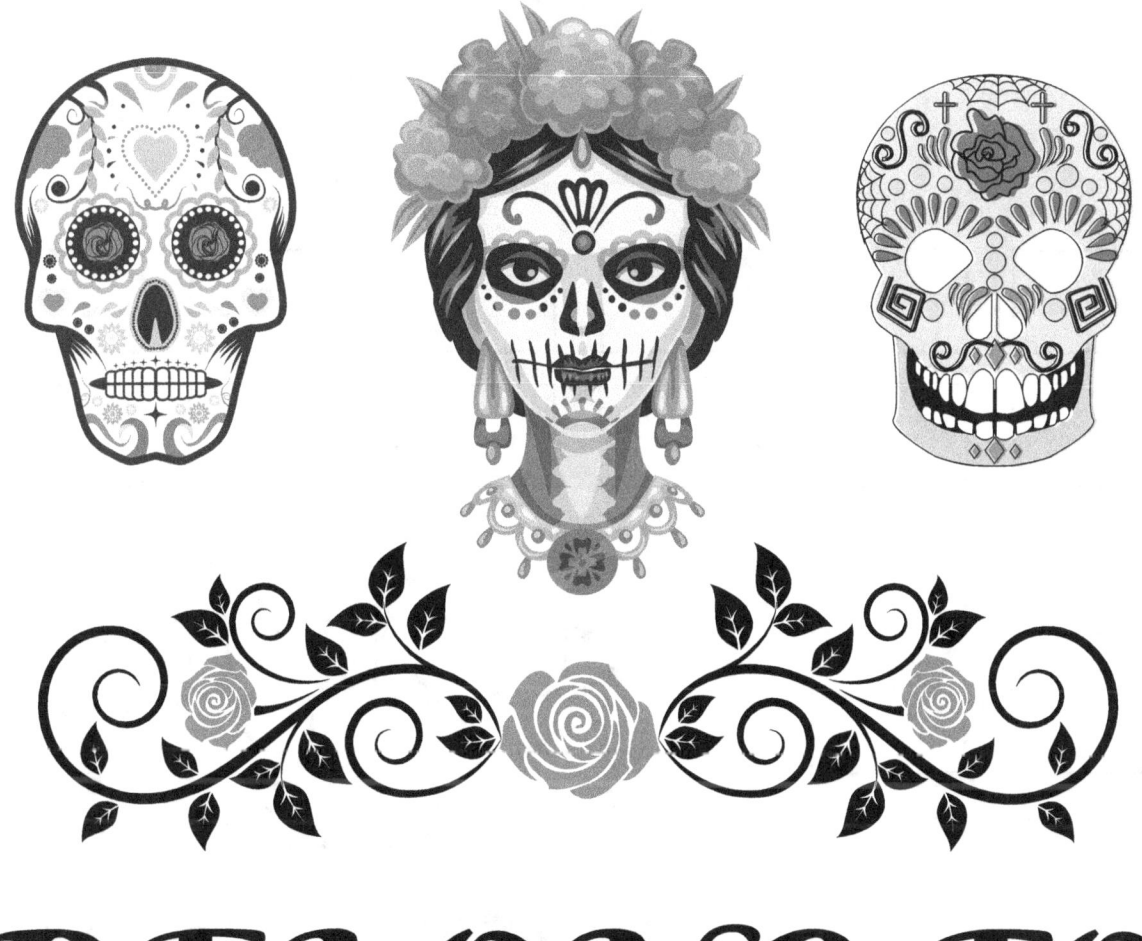

BELONG TO

○○○○○○○○○○○○○○○○○○○○○○○○○○○○○

COLOR TEST

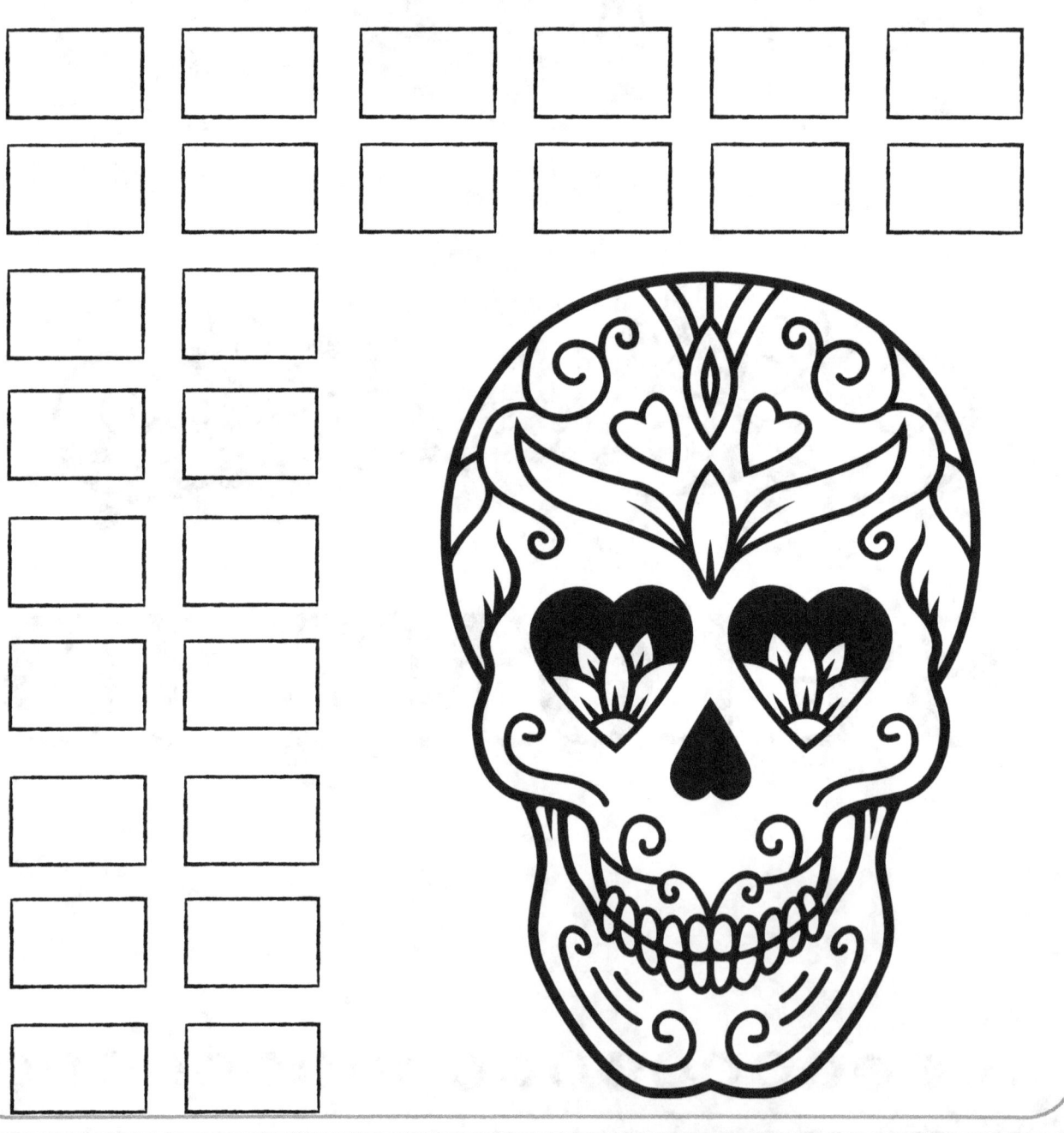

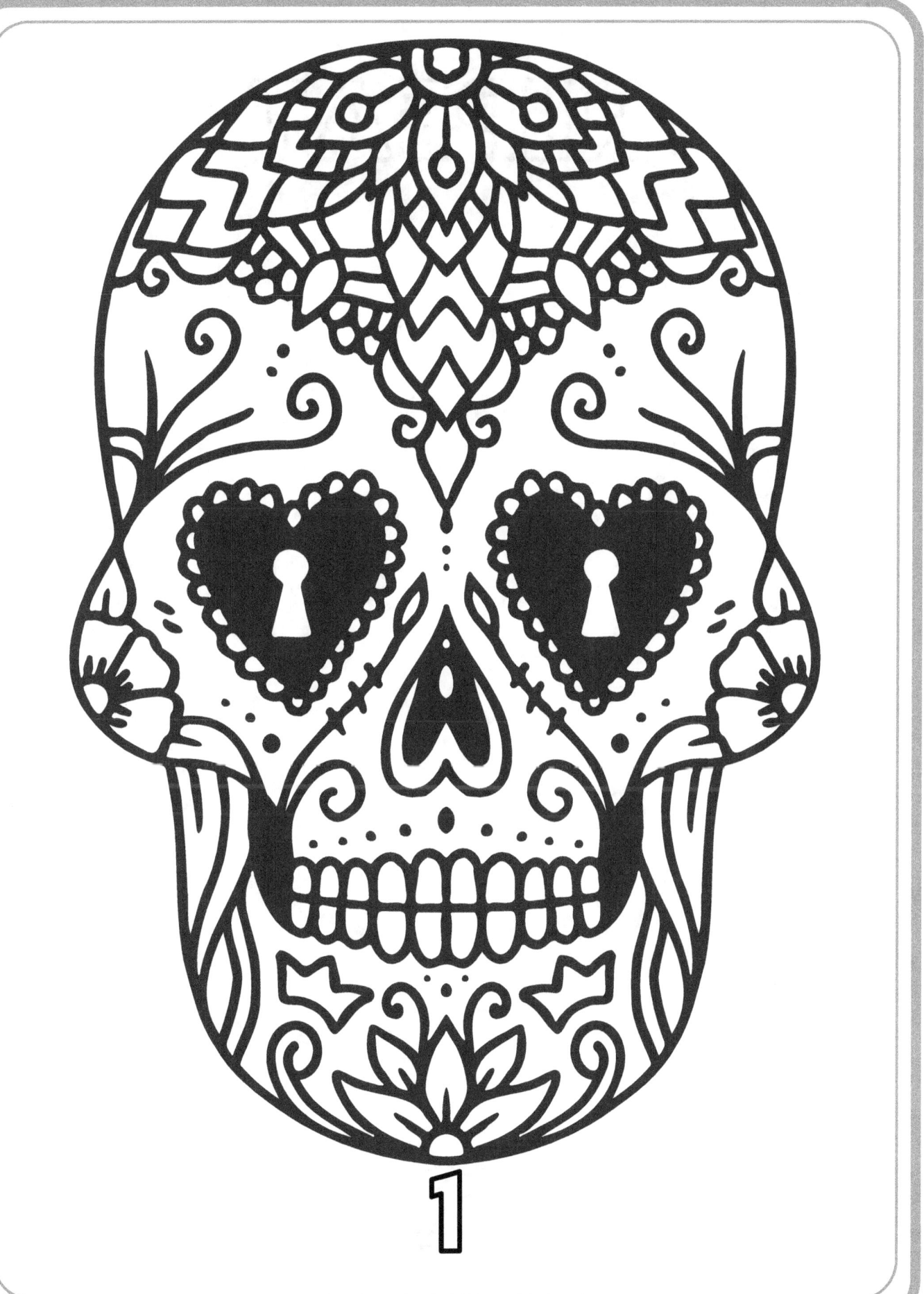

REPEAT

2

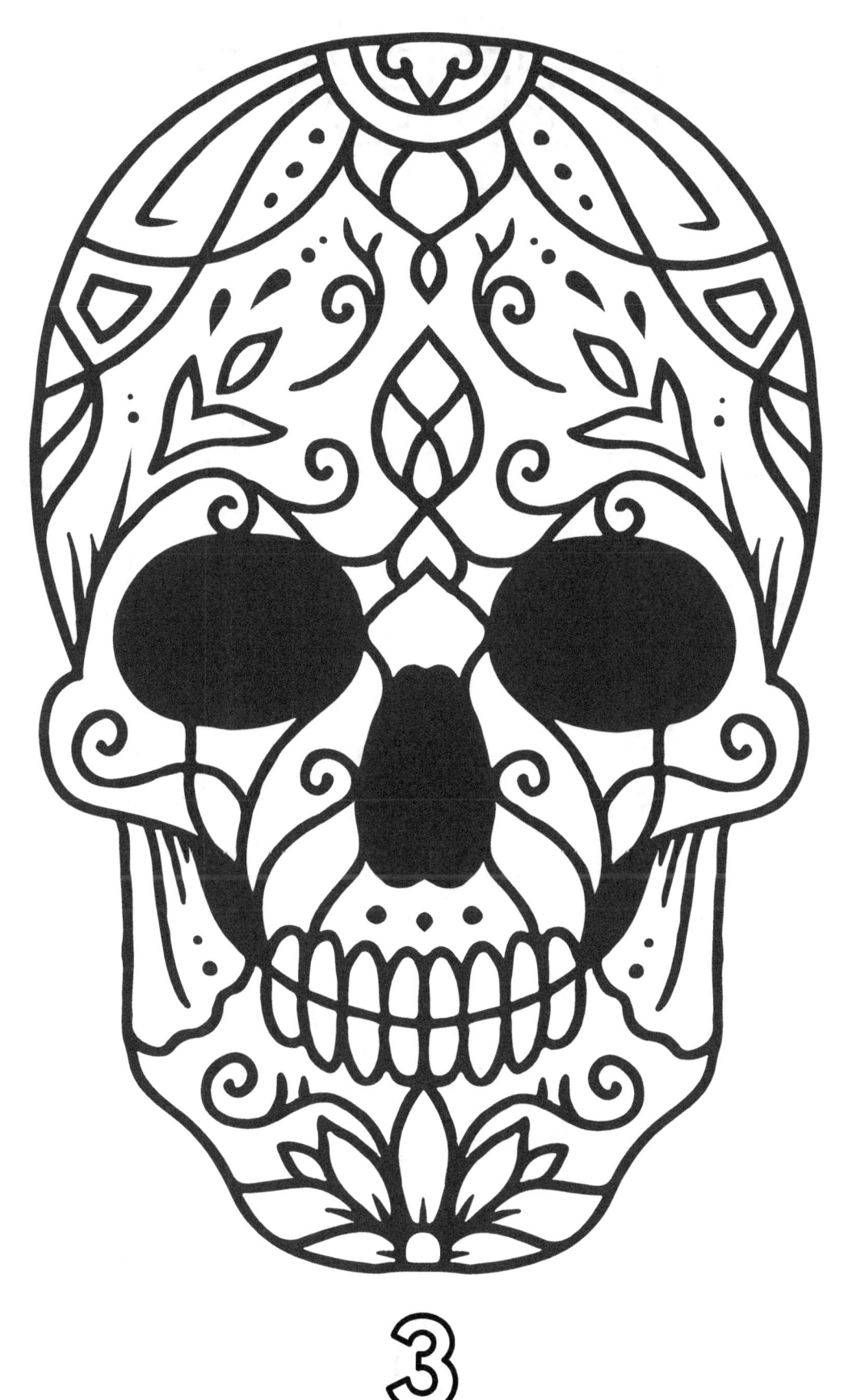

3

REPEAT

4

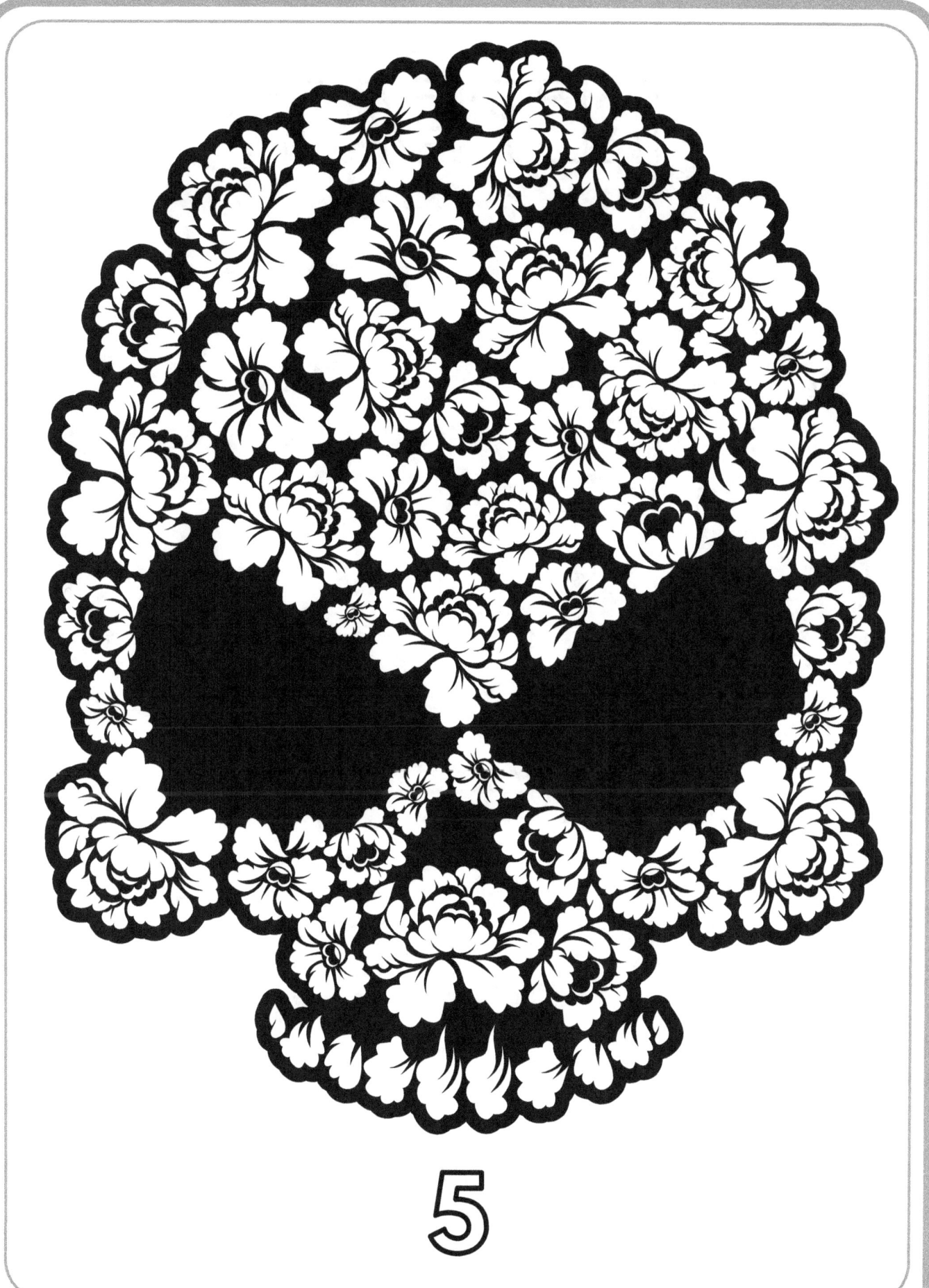

5

REPEAT

6

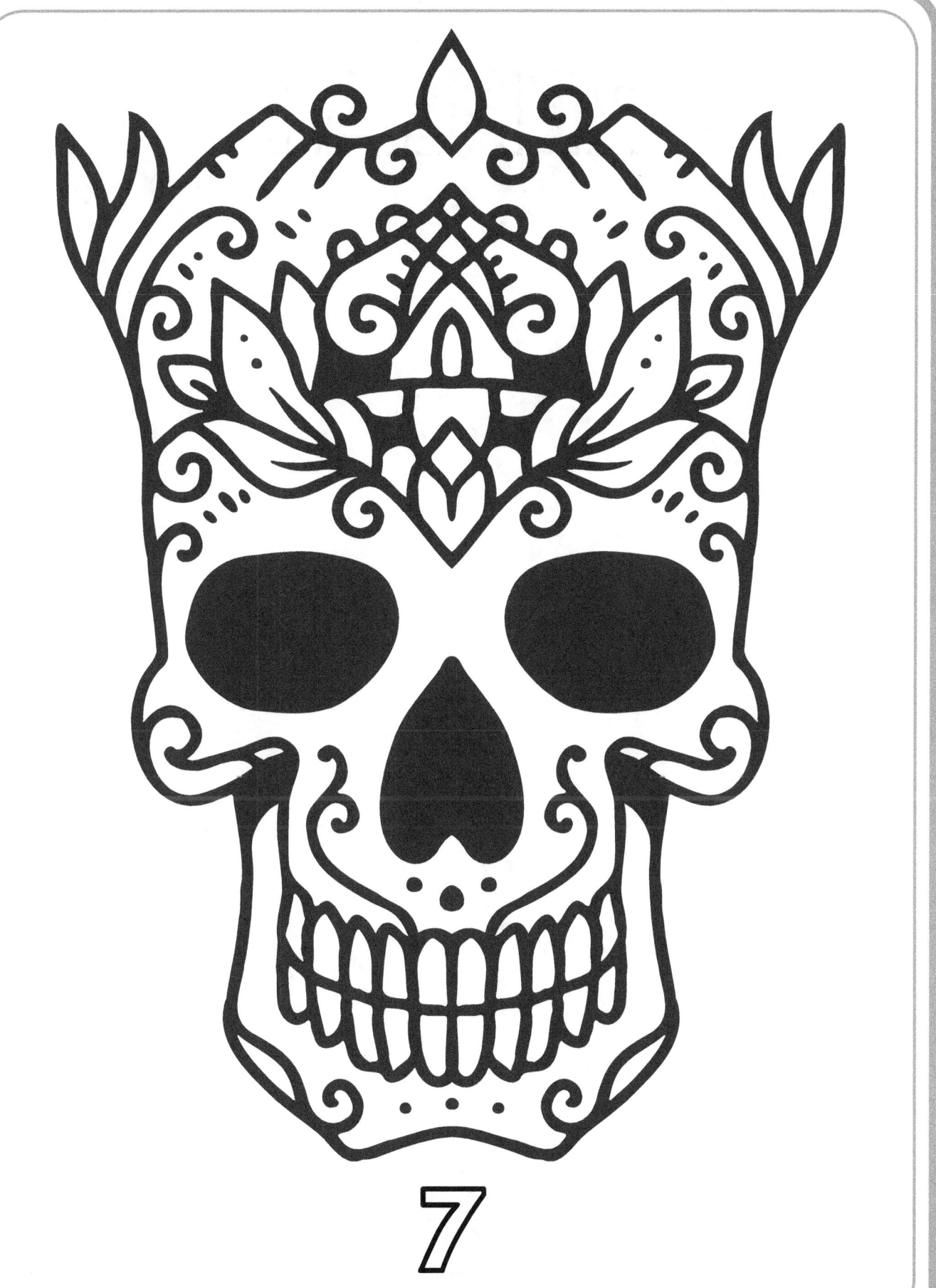

7

REPEAT

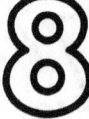

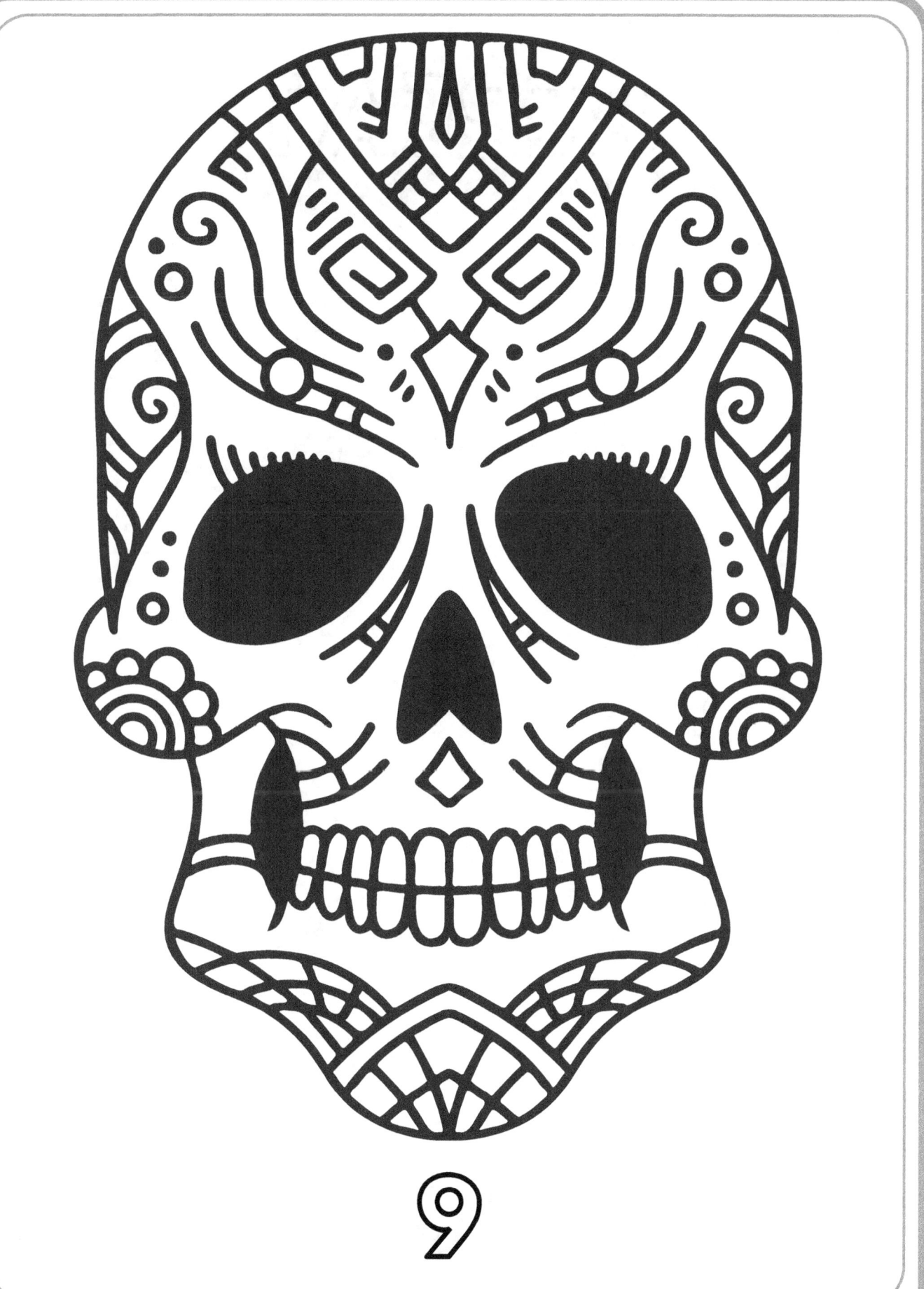

REPEAT

10

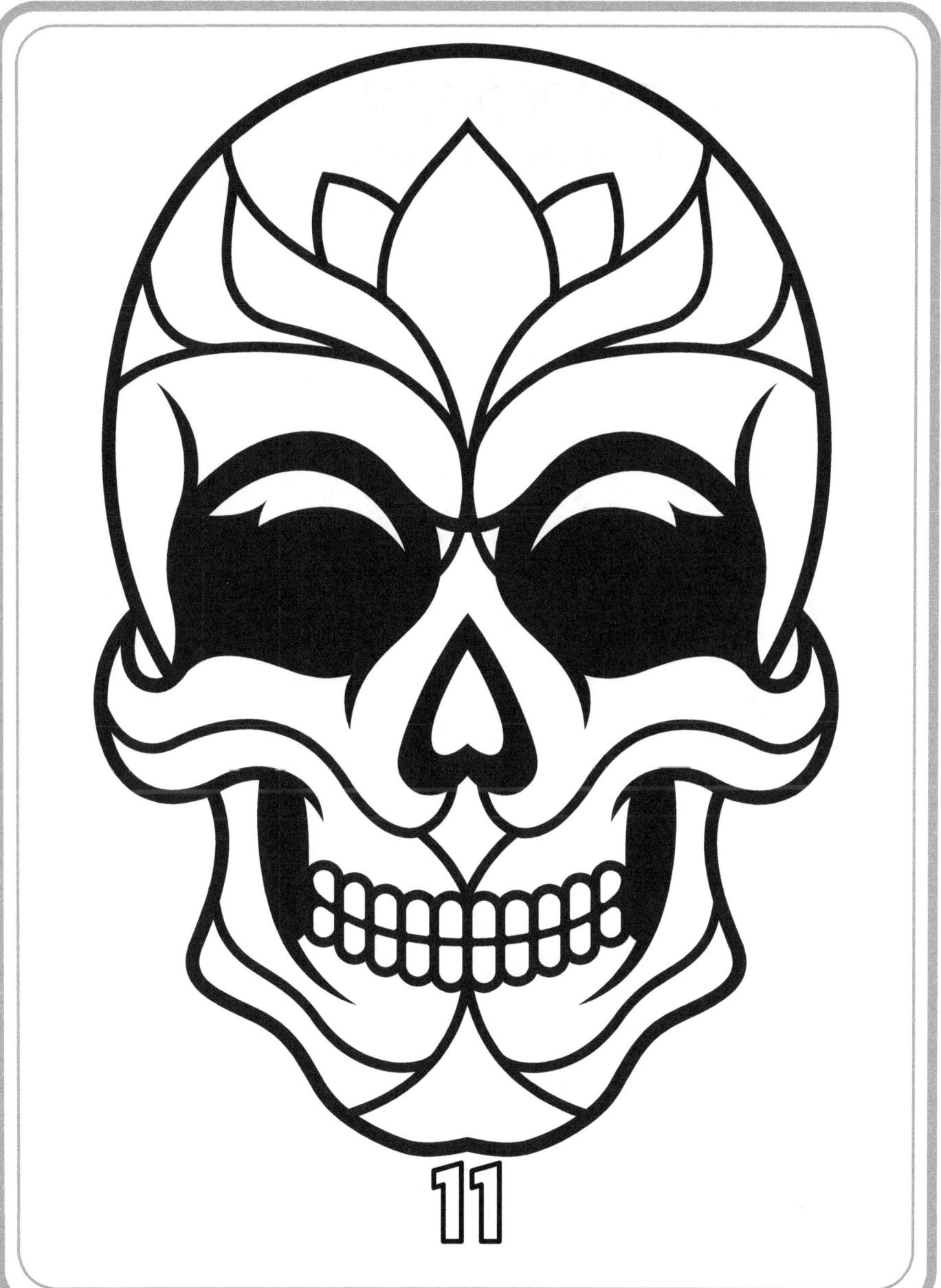

REPEAT

12

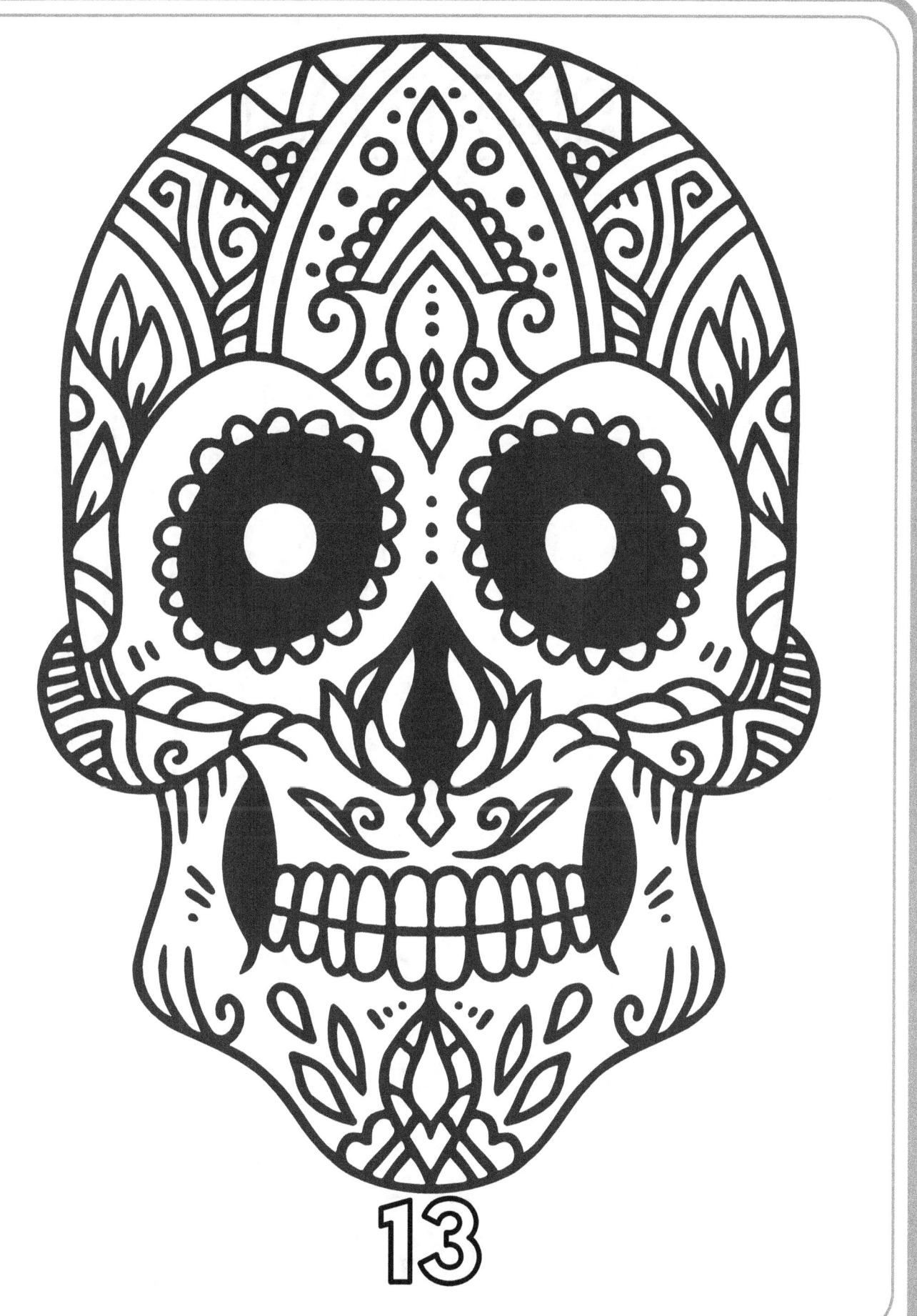

13

REPEAT

14

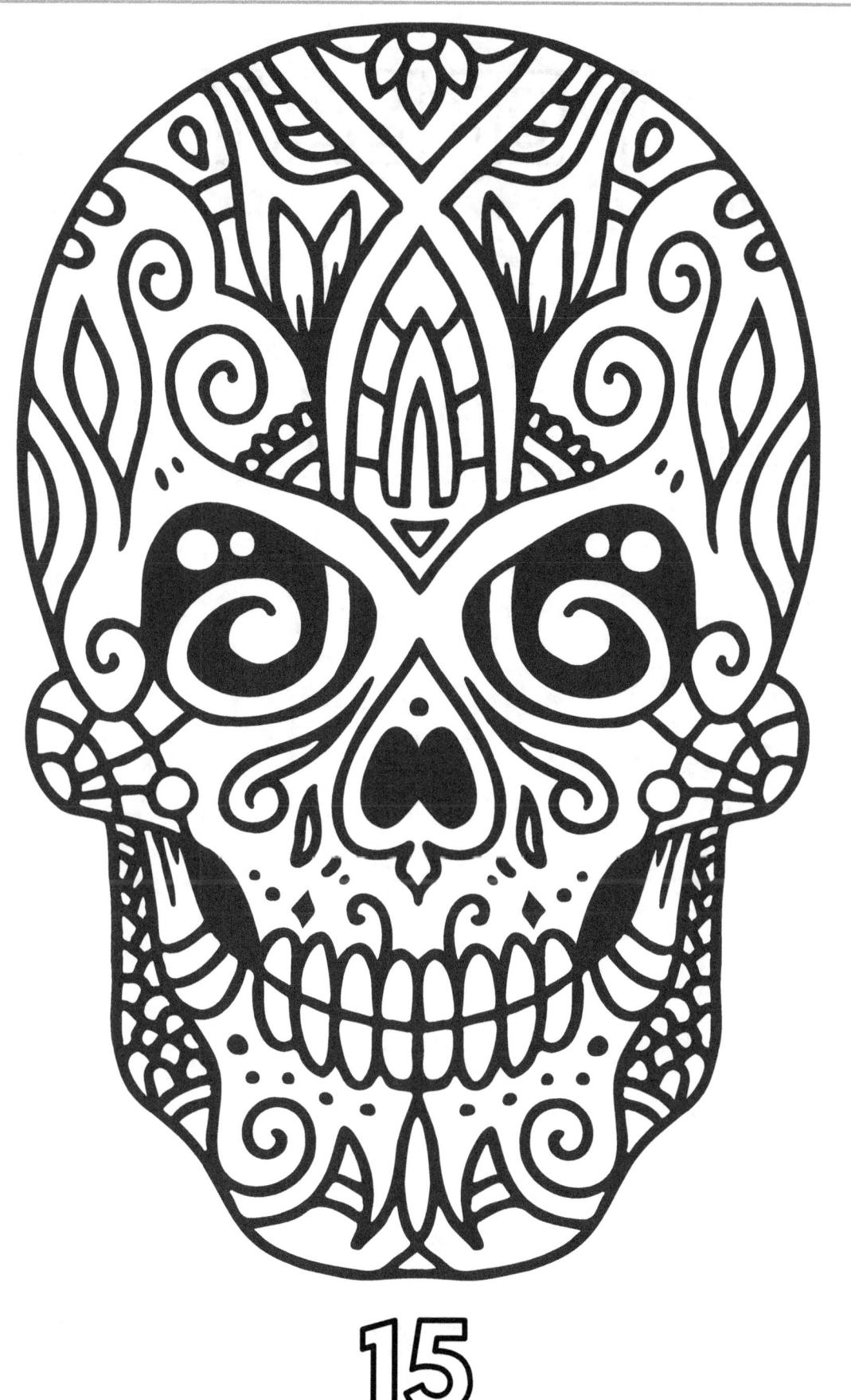

15

REPEAT

16

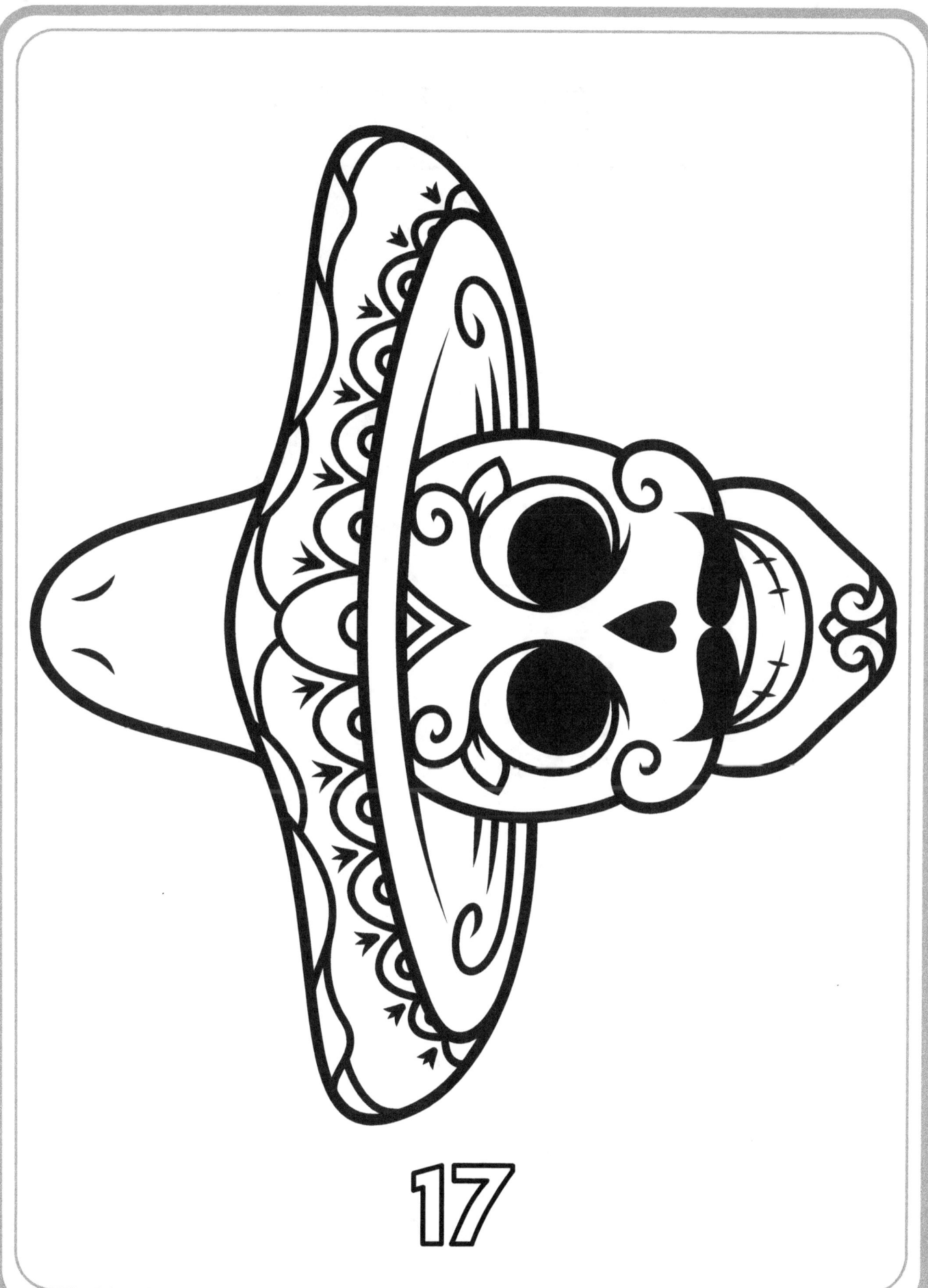

17

REPEAT

18

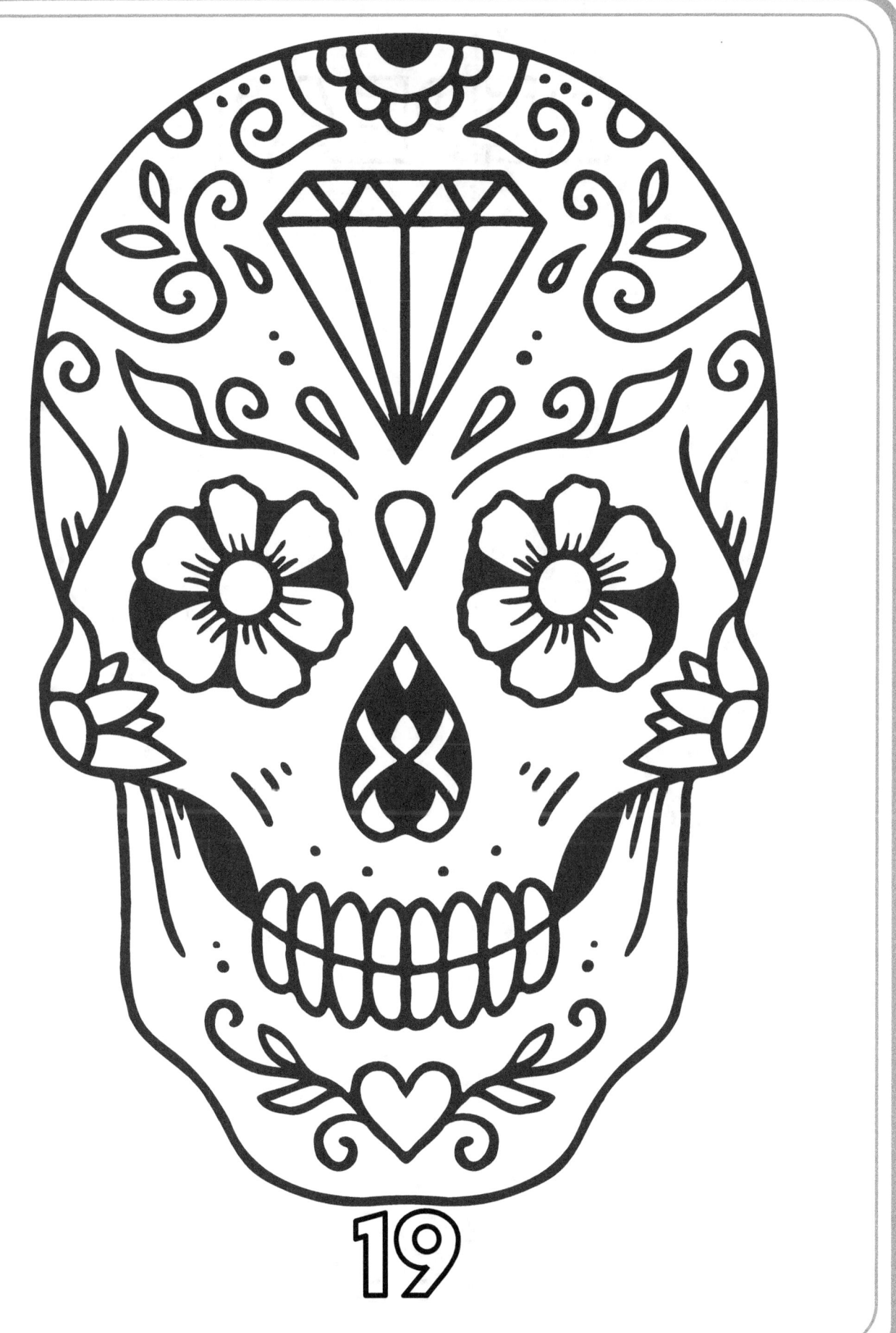

REPEAT

20

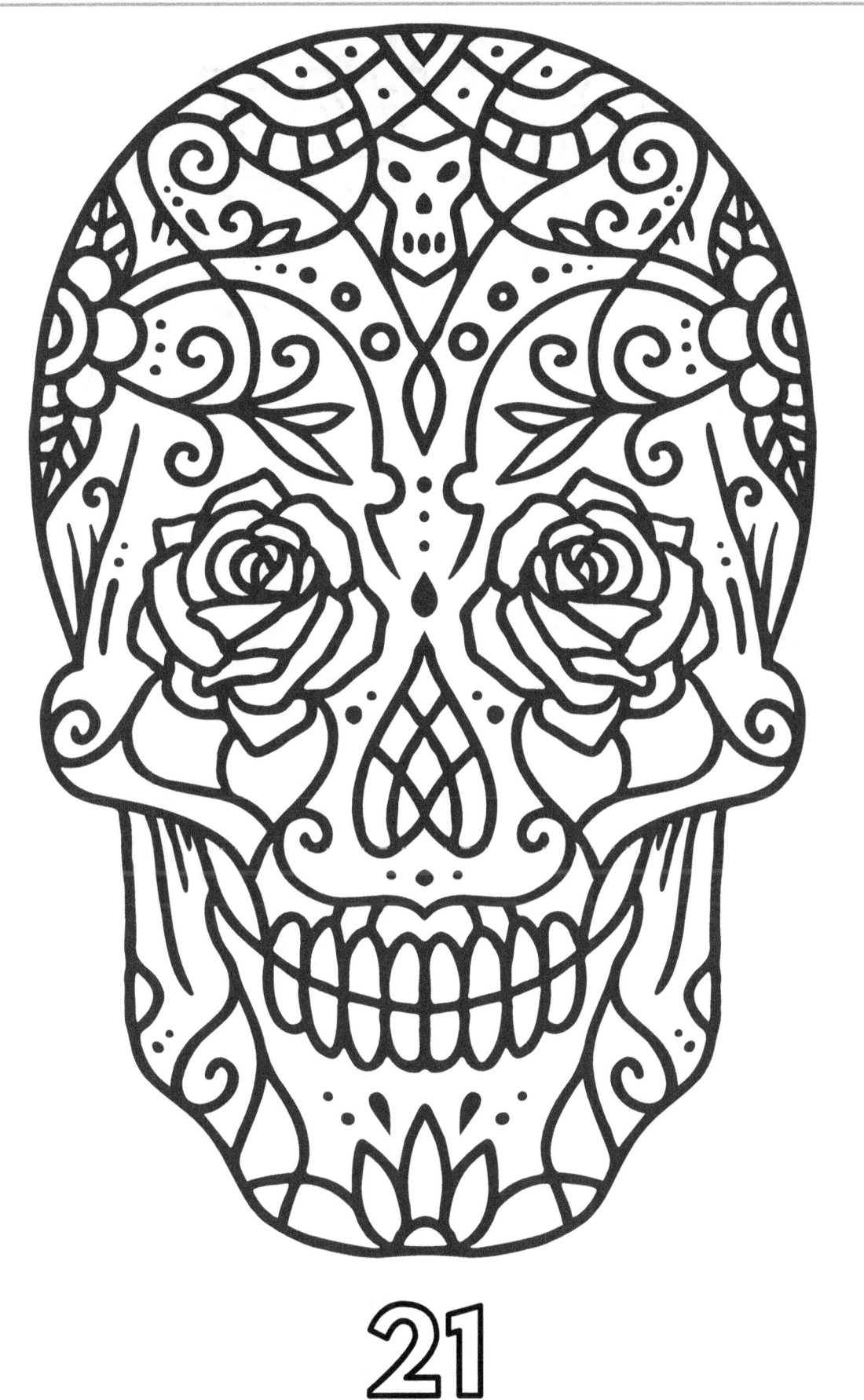

21

REPEAT

22

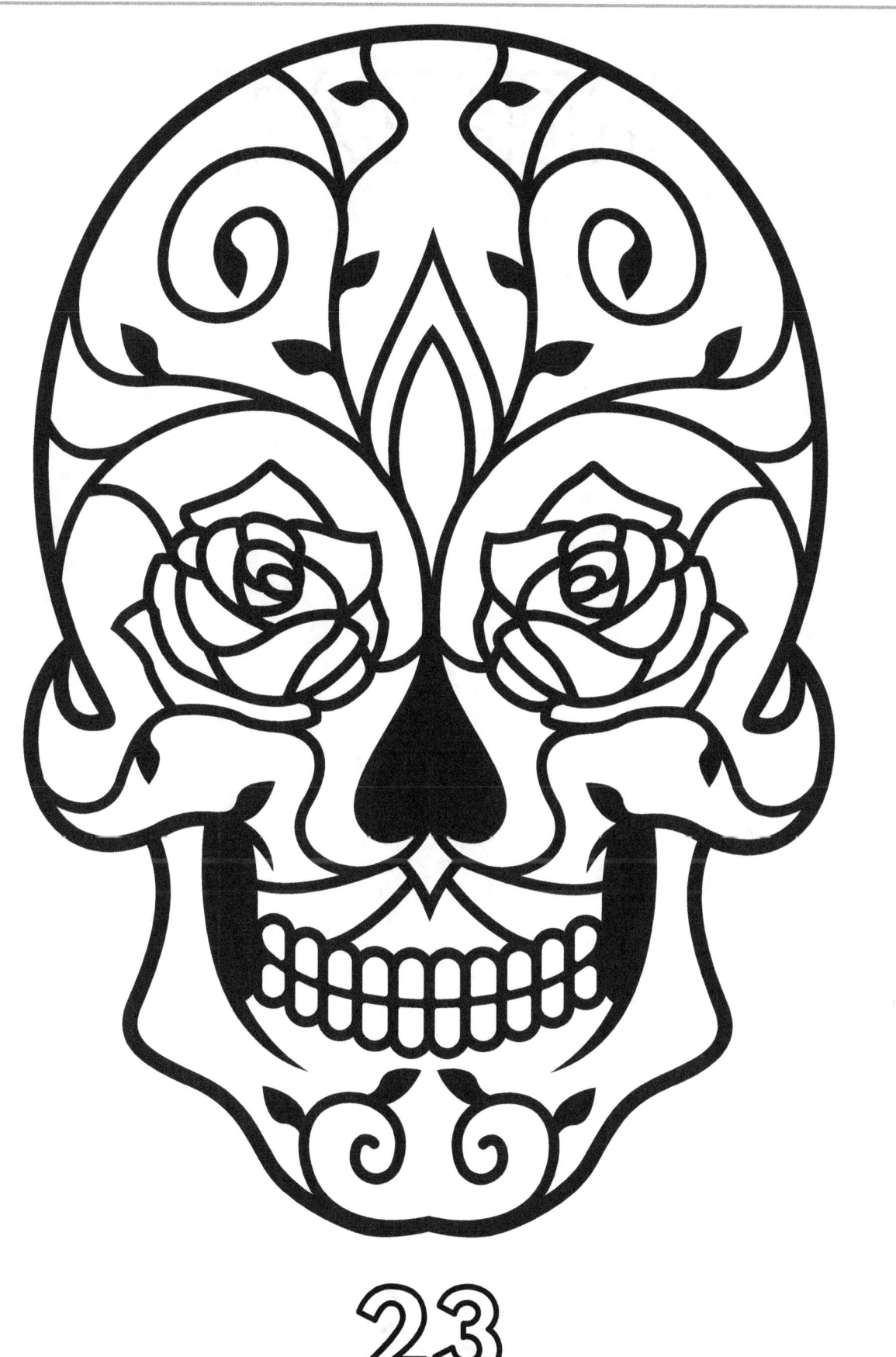

23

REPEAT

24

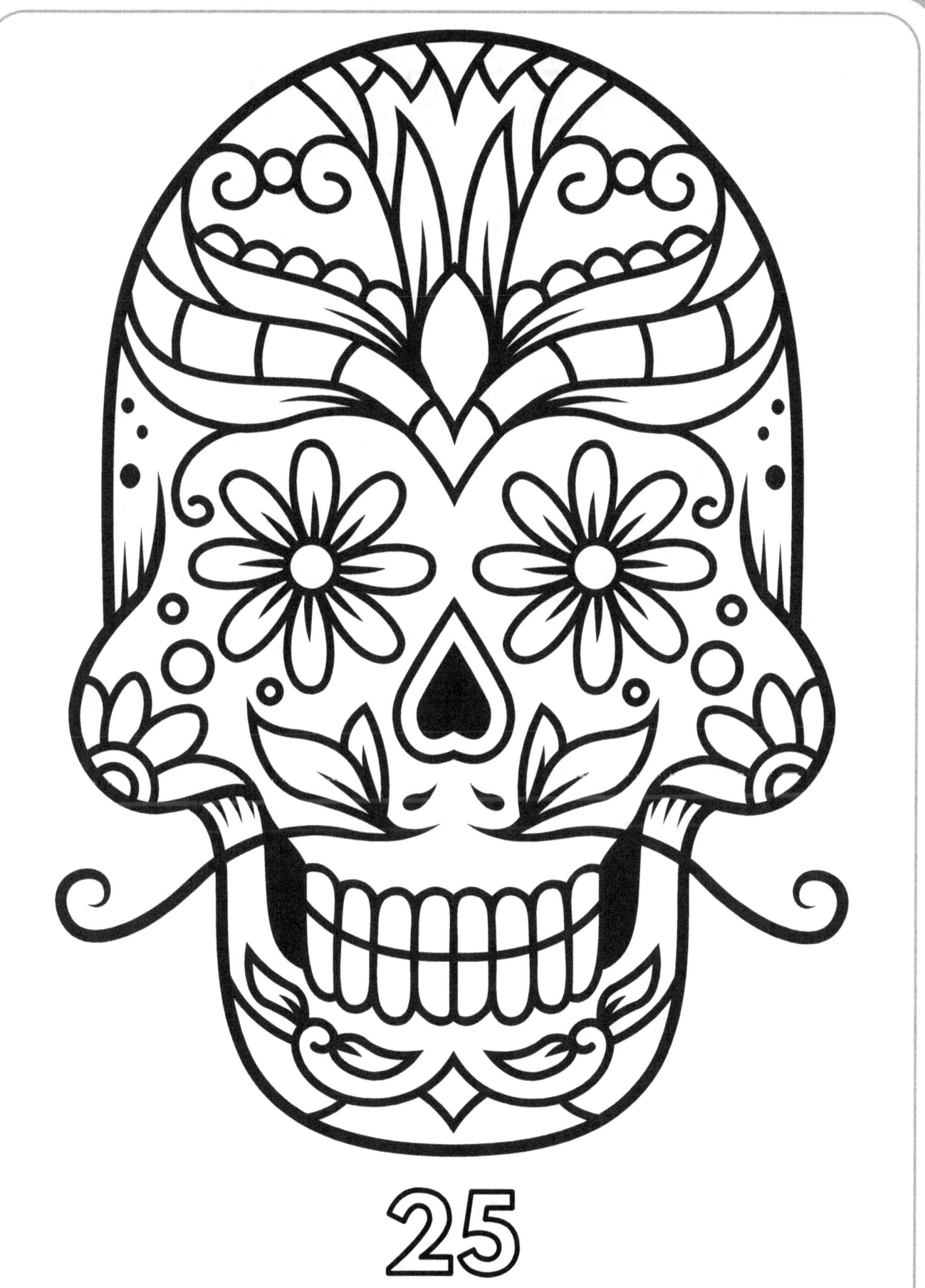

25

REPEAT

26

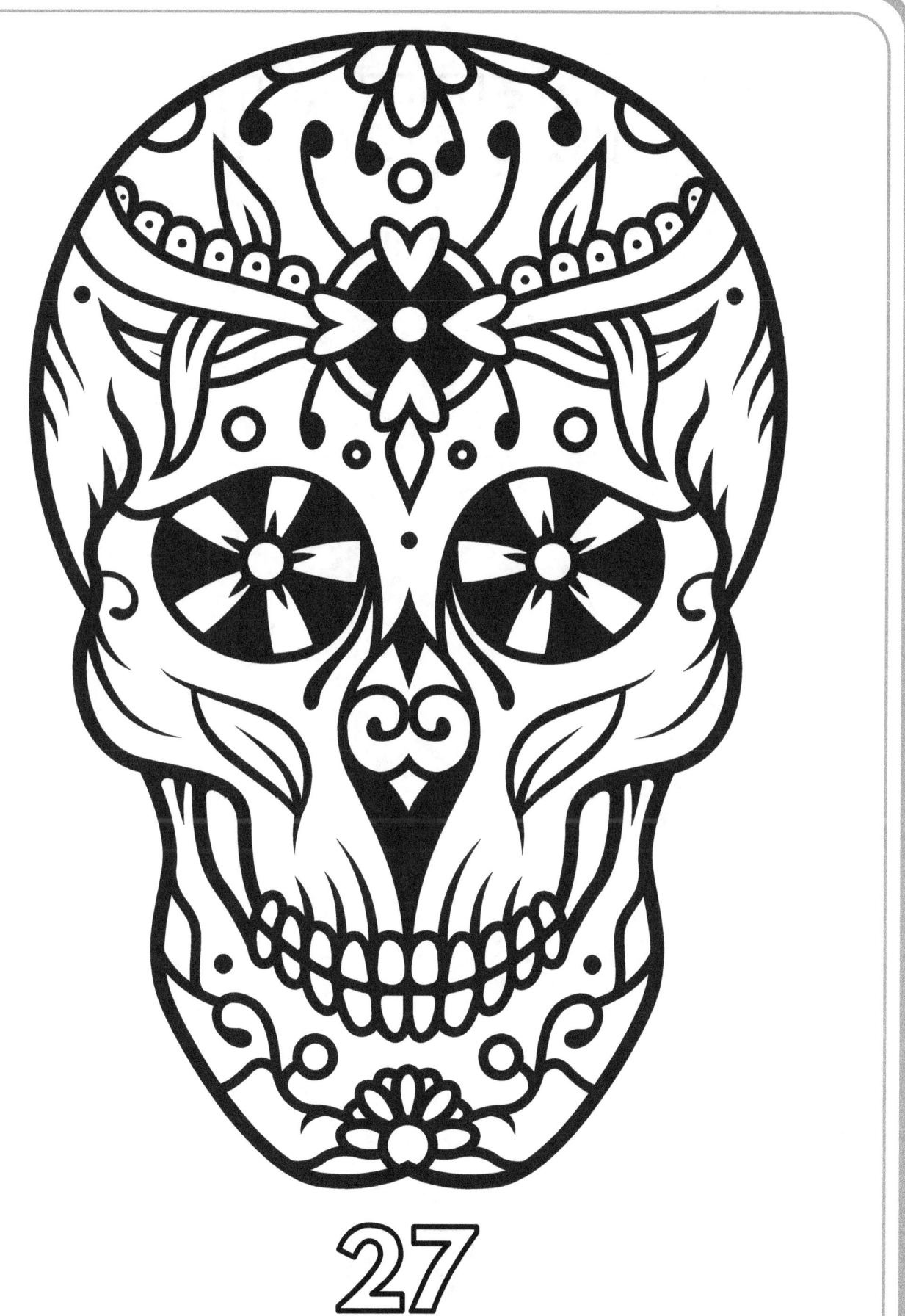

27

REPEAT

28

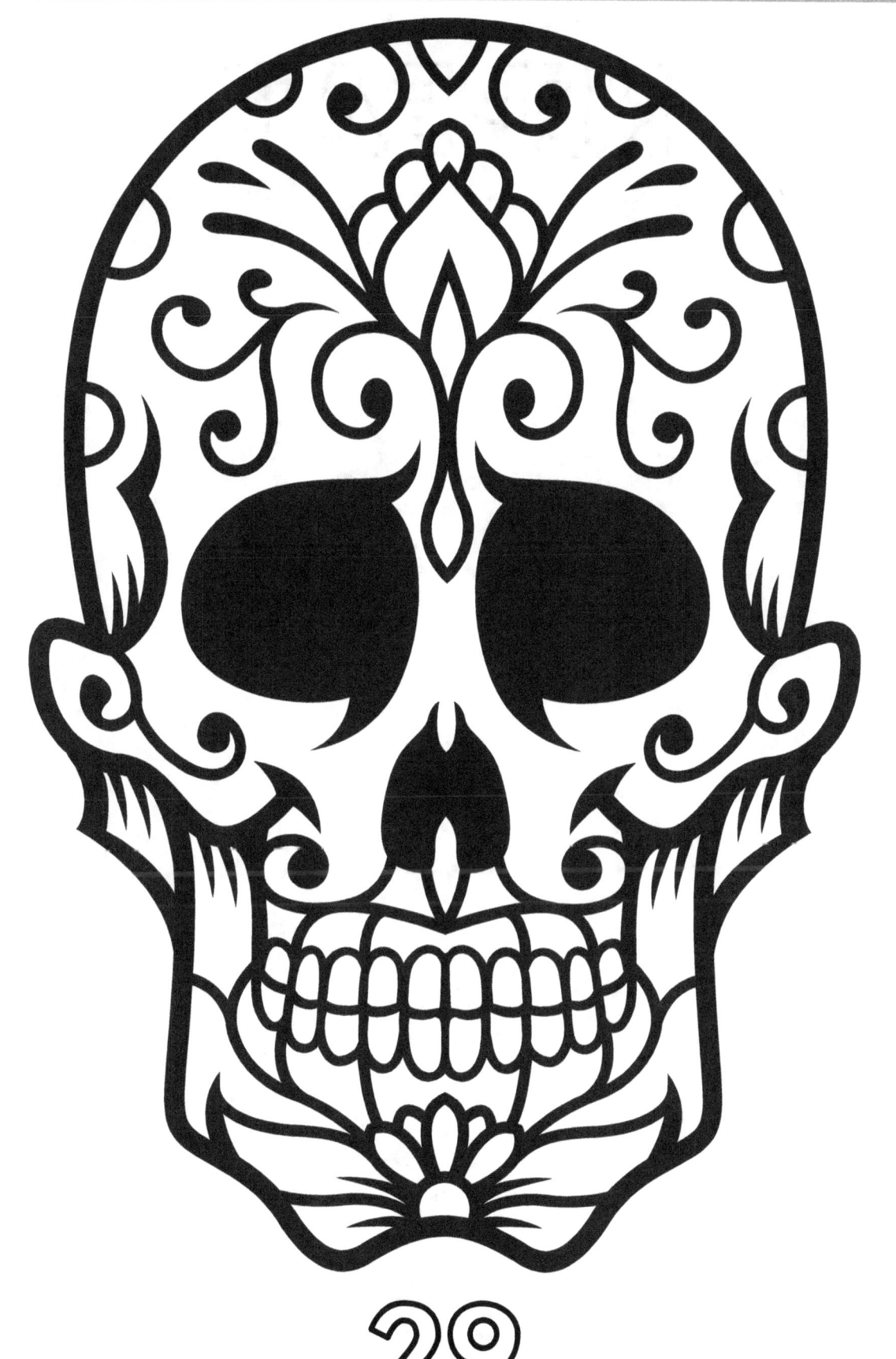

29

REPEAT

30

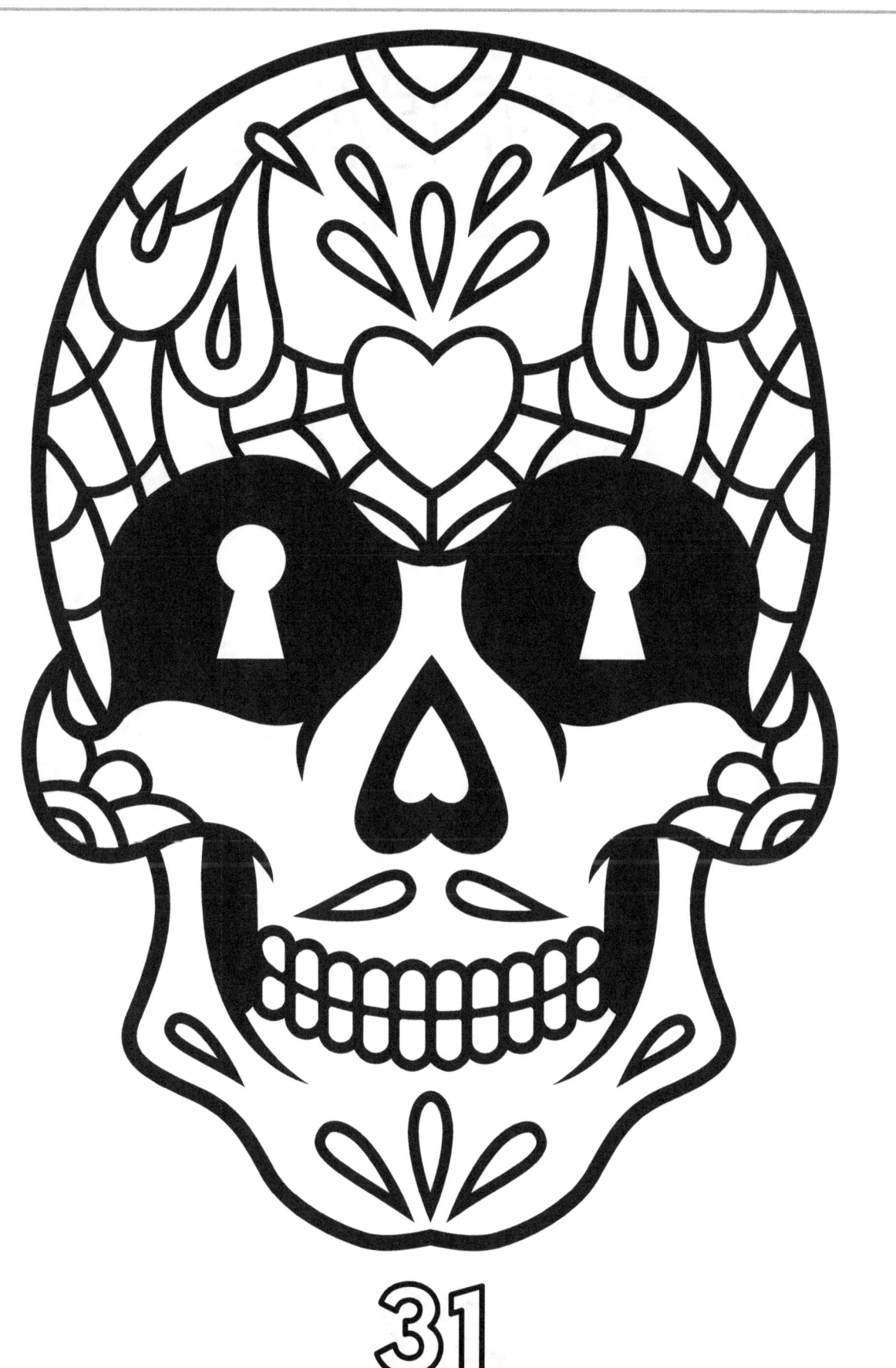

31

REPEAT

32

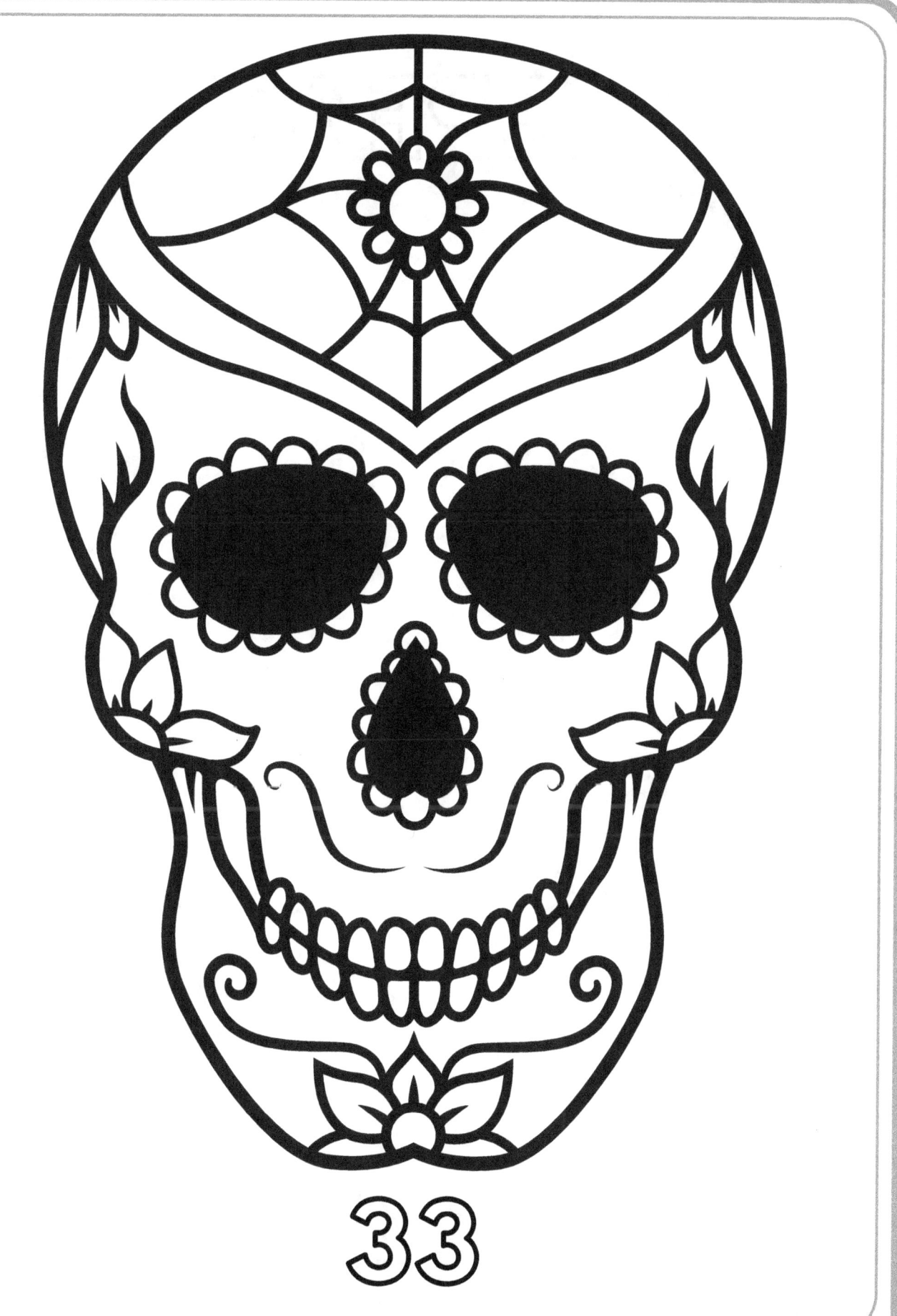

REPEAT

34

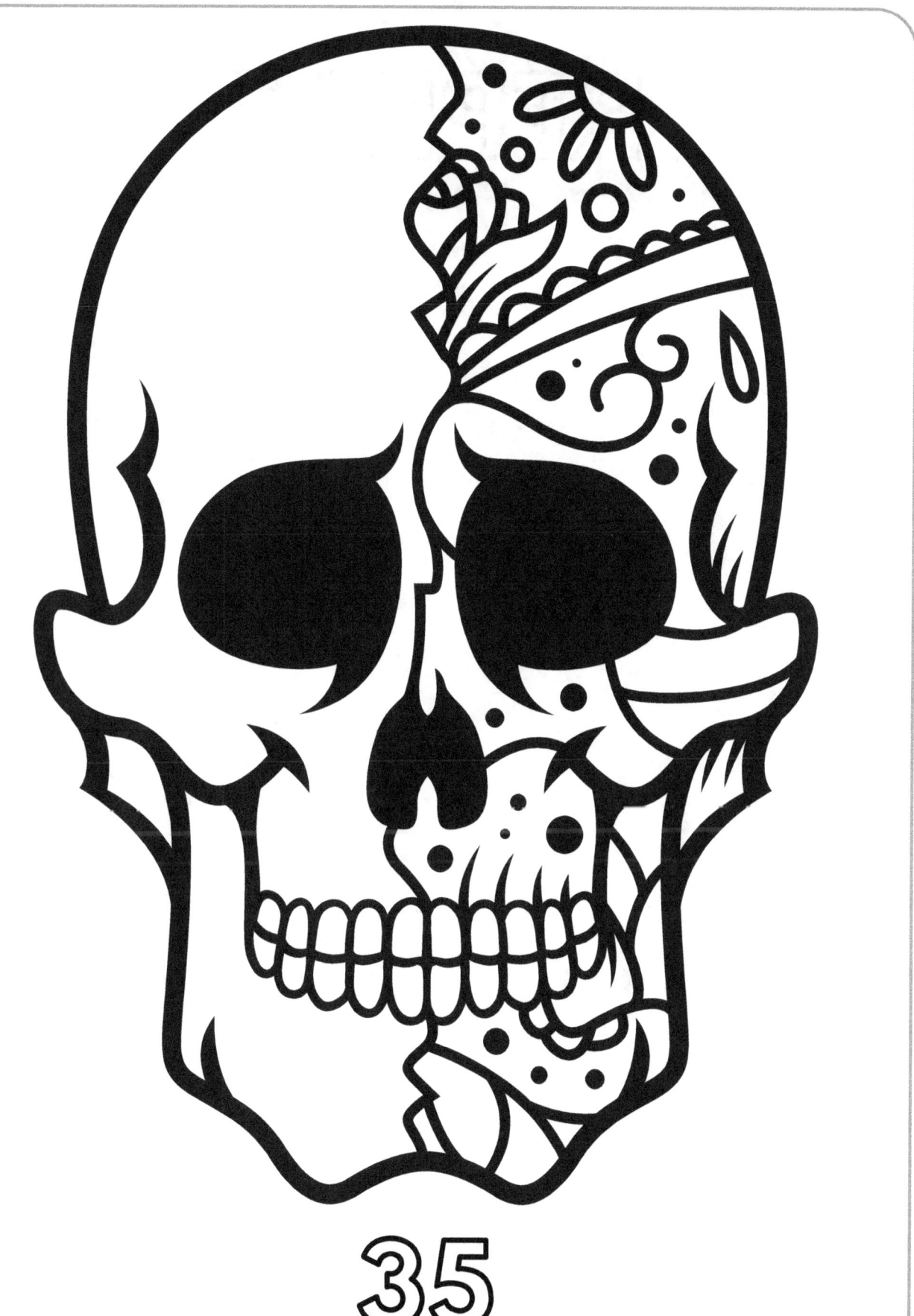

35

REPEAT

36

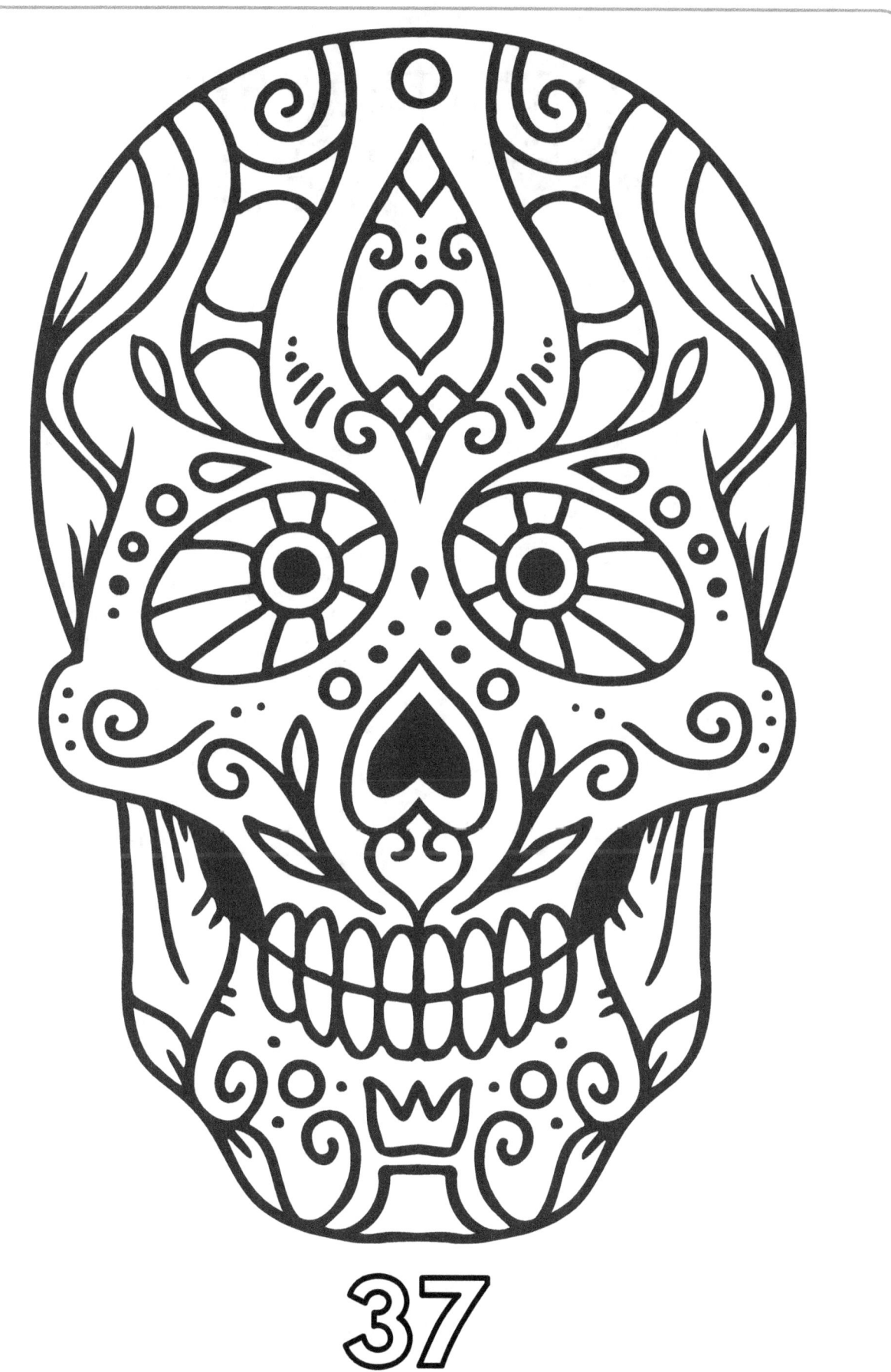

37

REPEAT

38

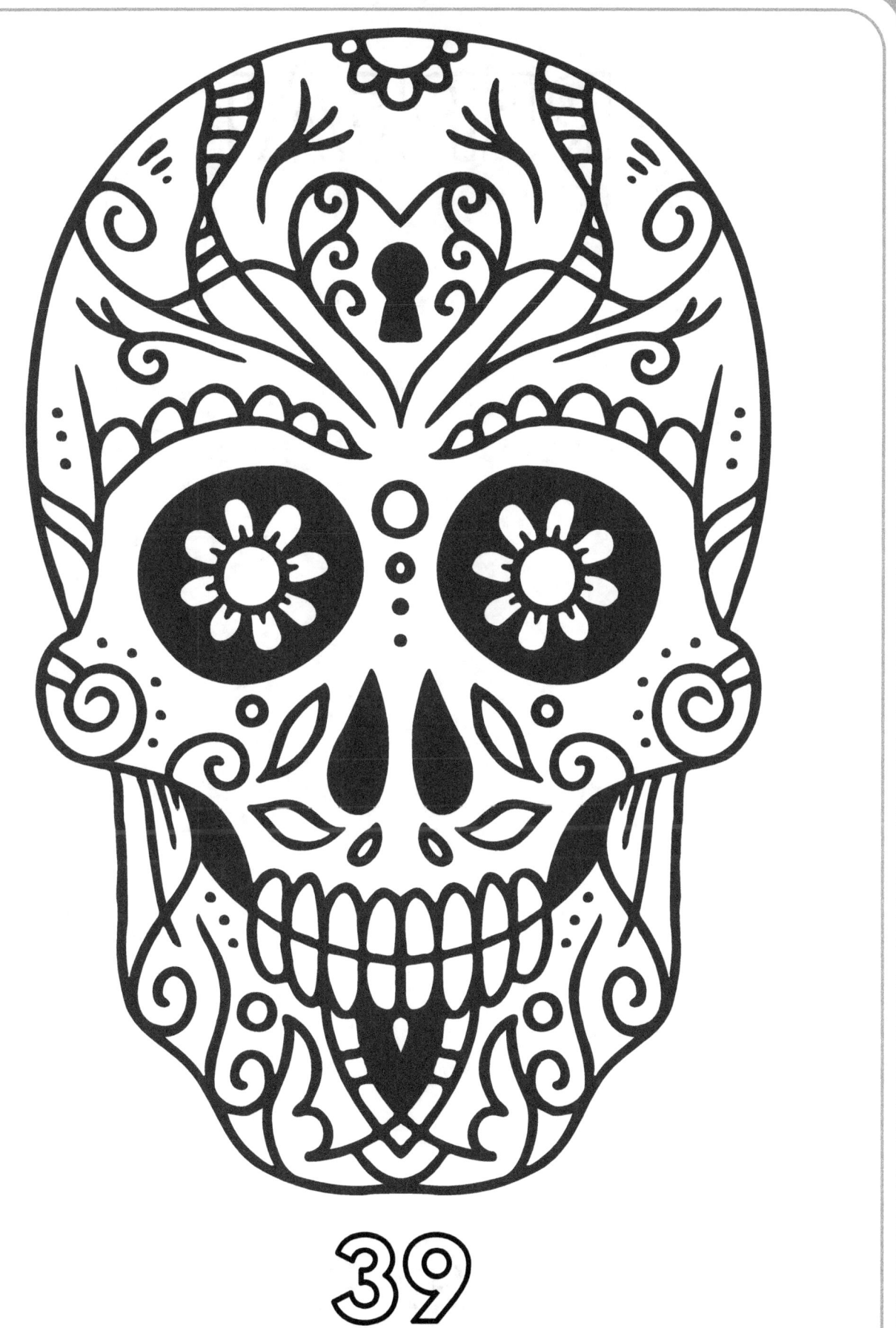

39

REPEAT

40

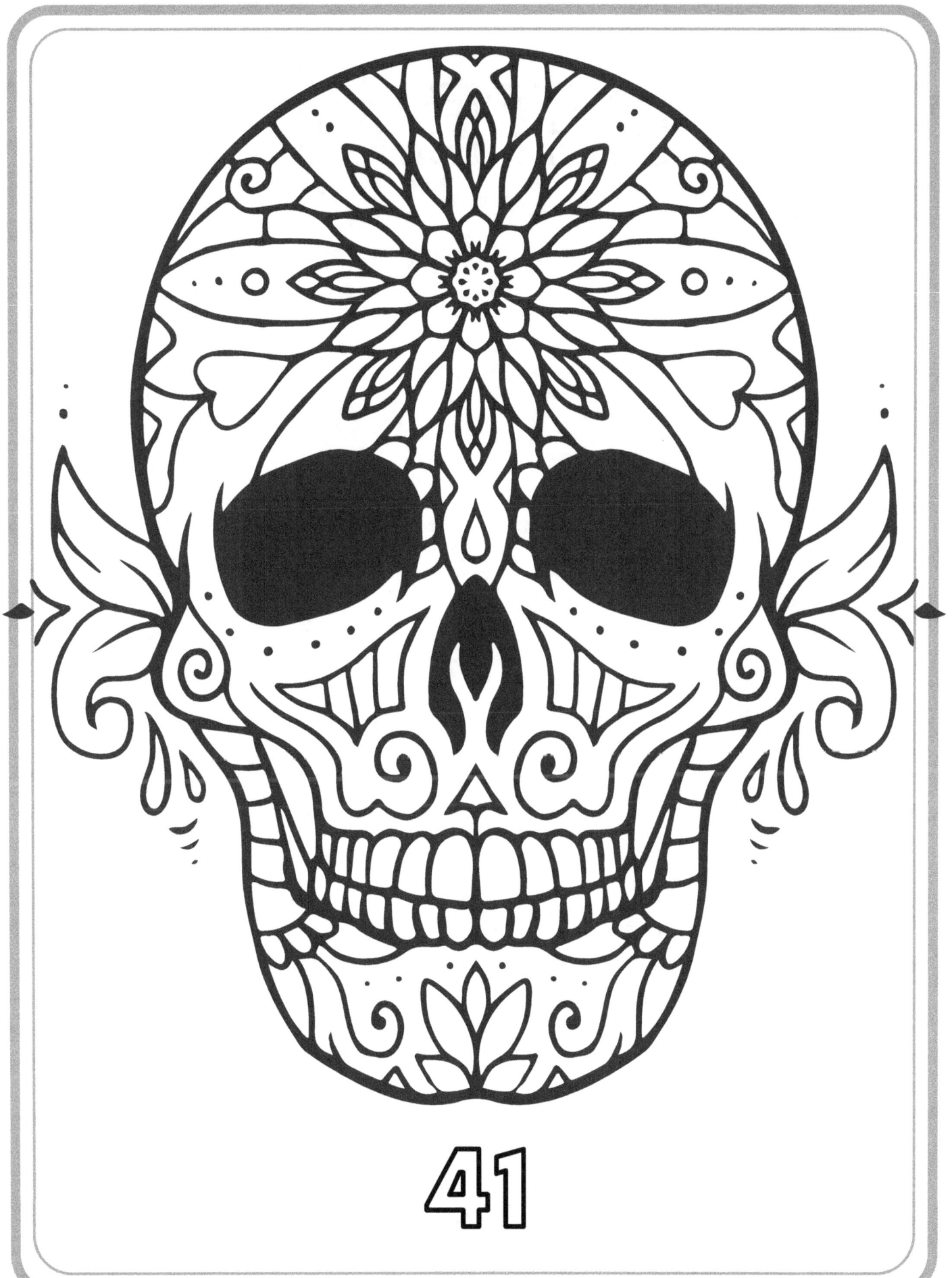

41

REPEAT

42

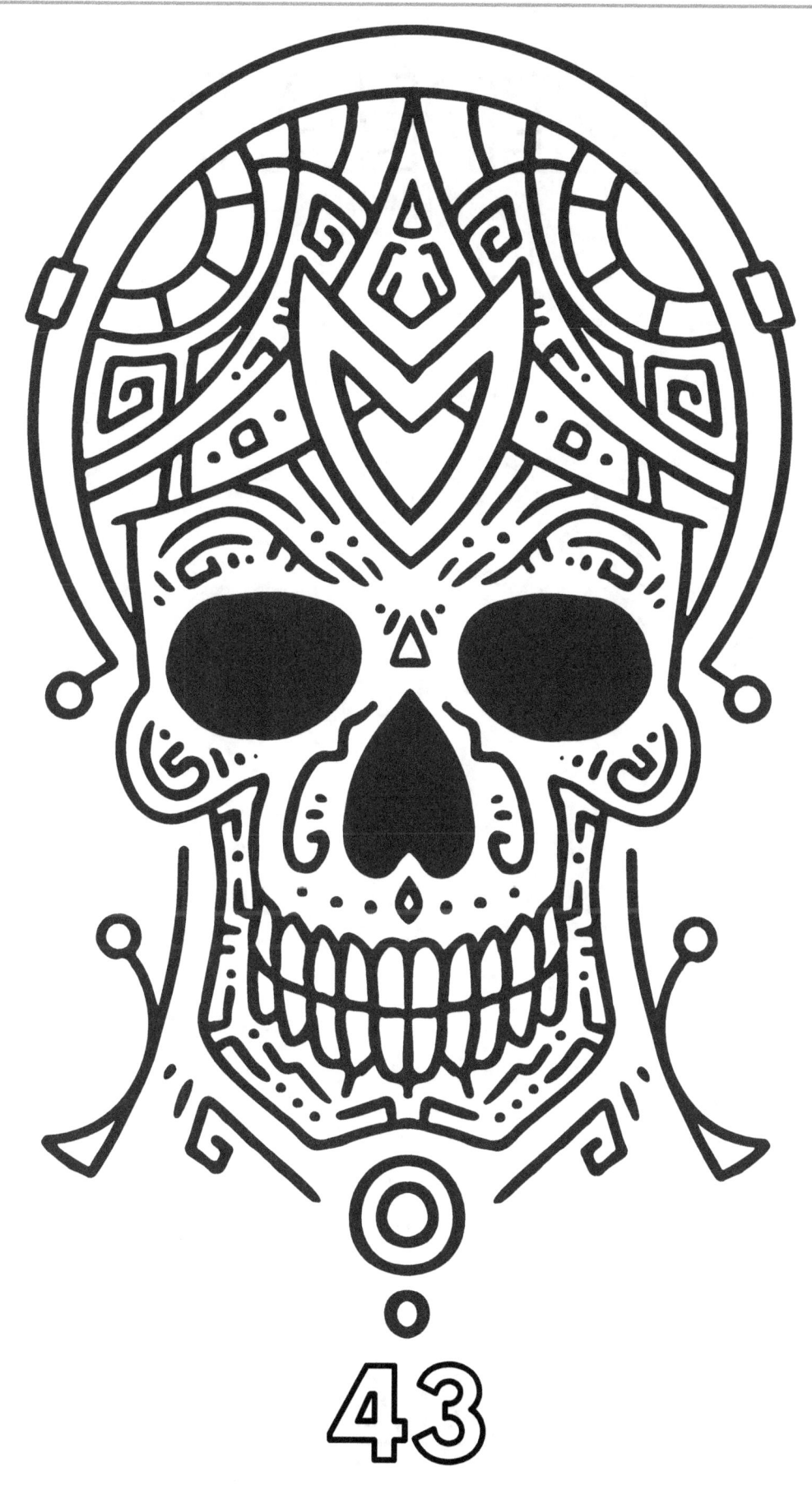

43

REPEAT

44

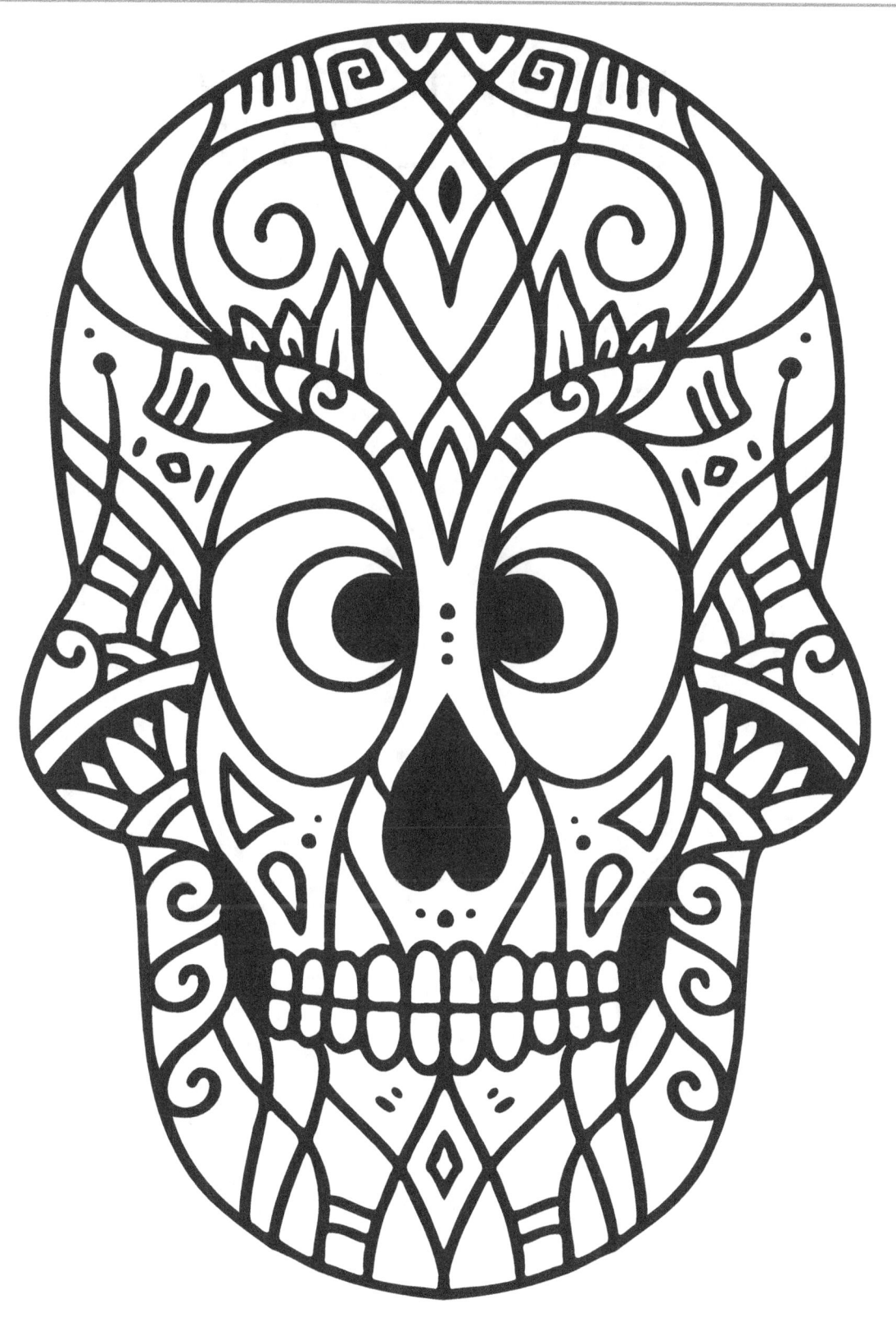

45

REPEAT

46

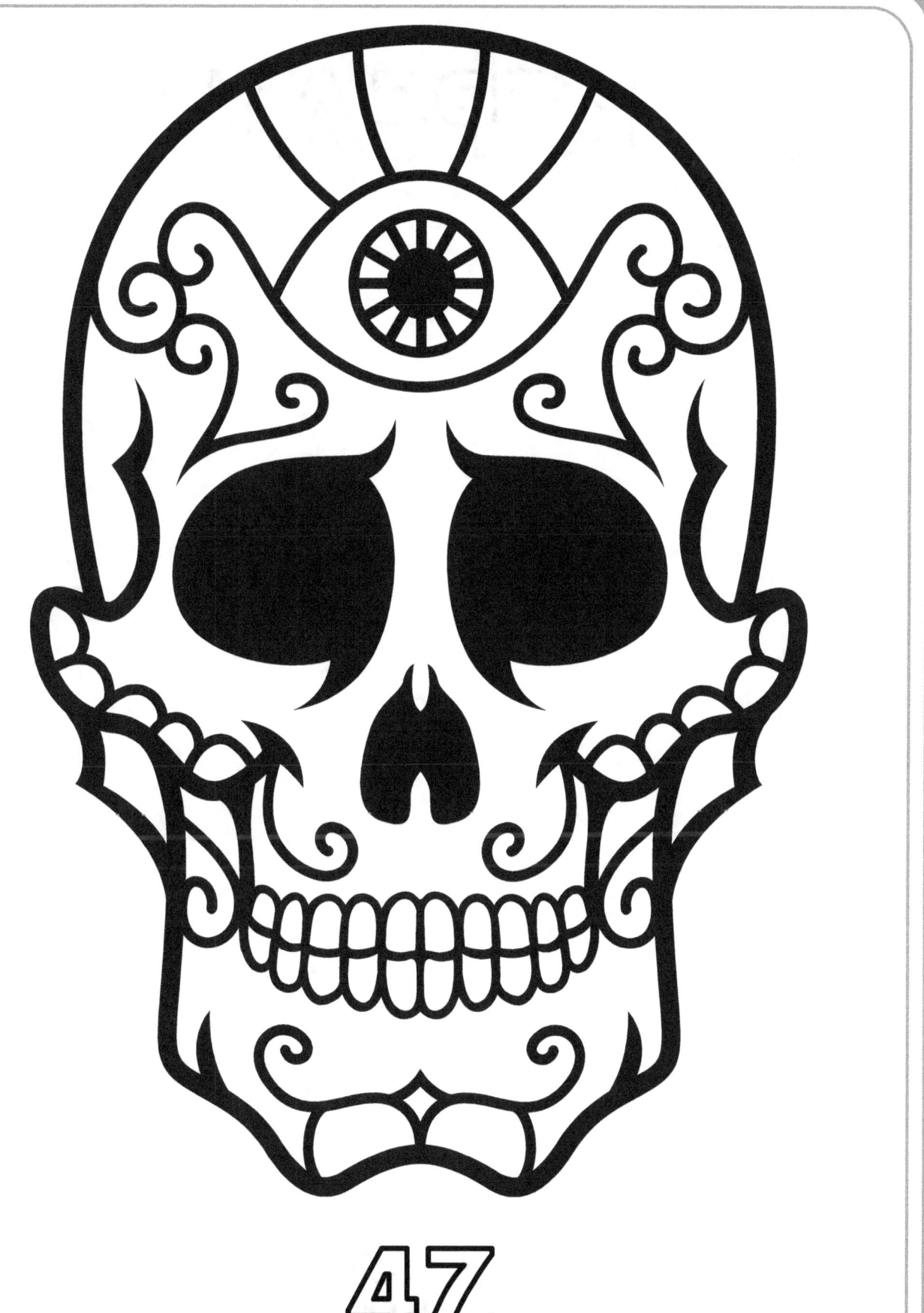

47

REPEAT

48

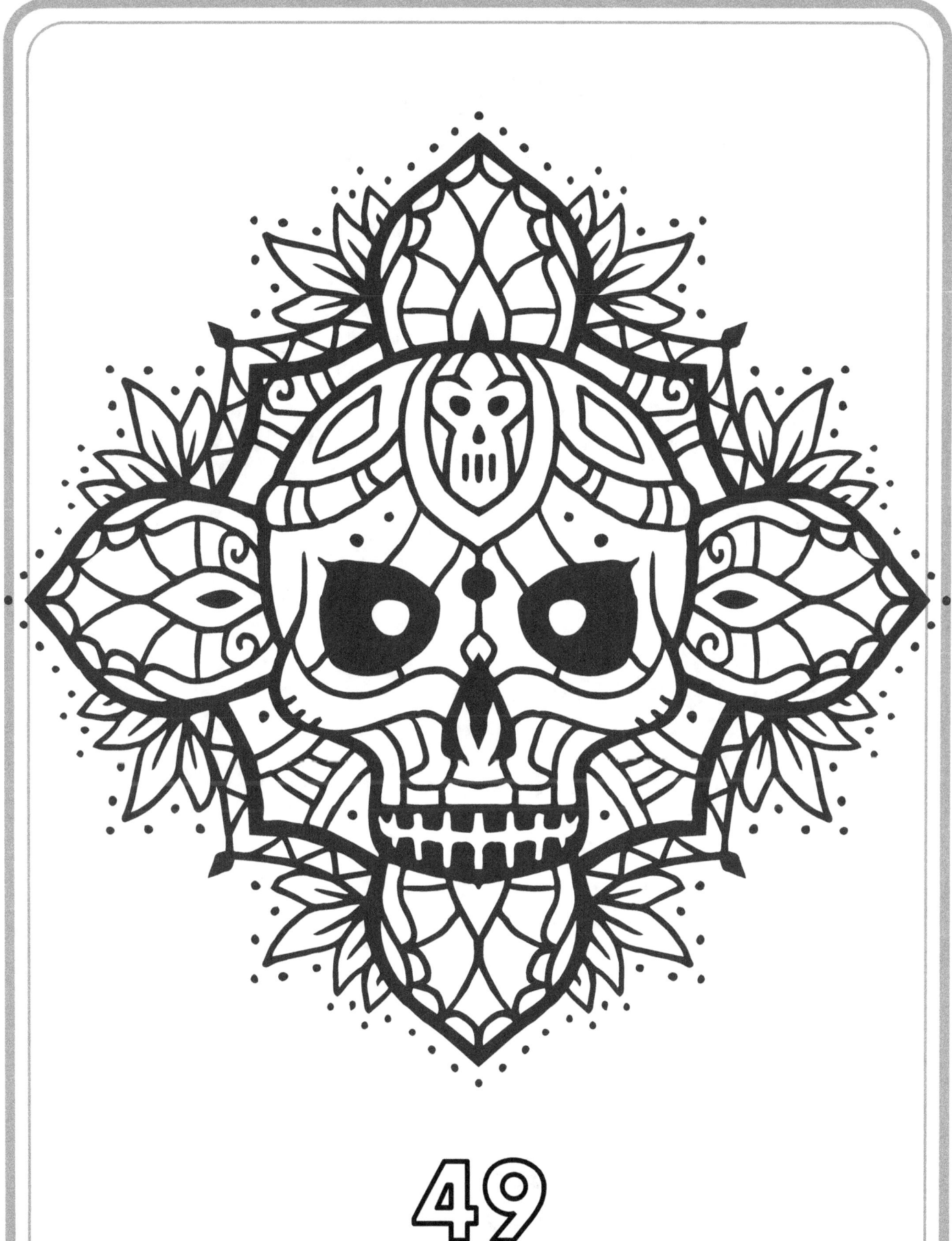

49

REPEAT

50

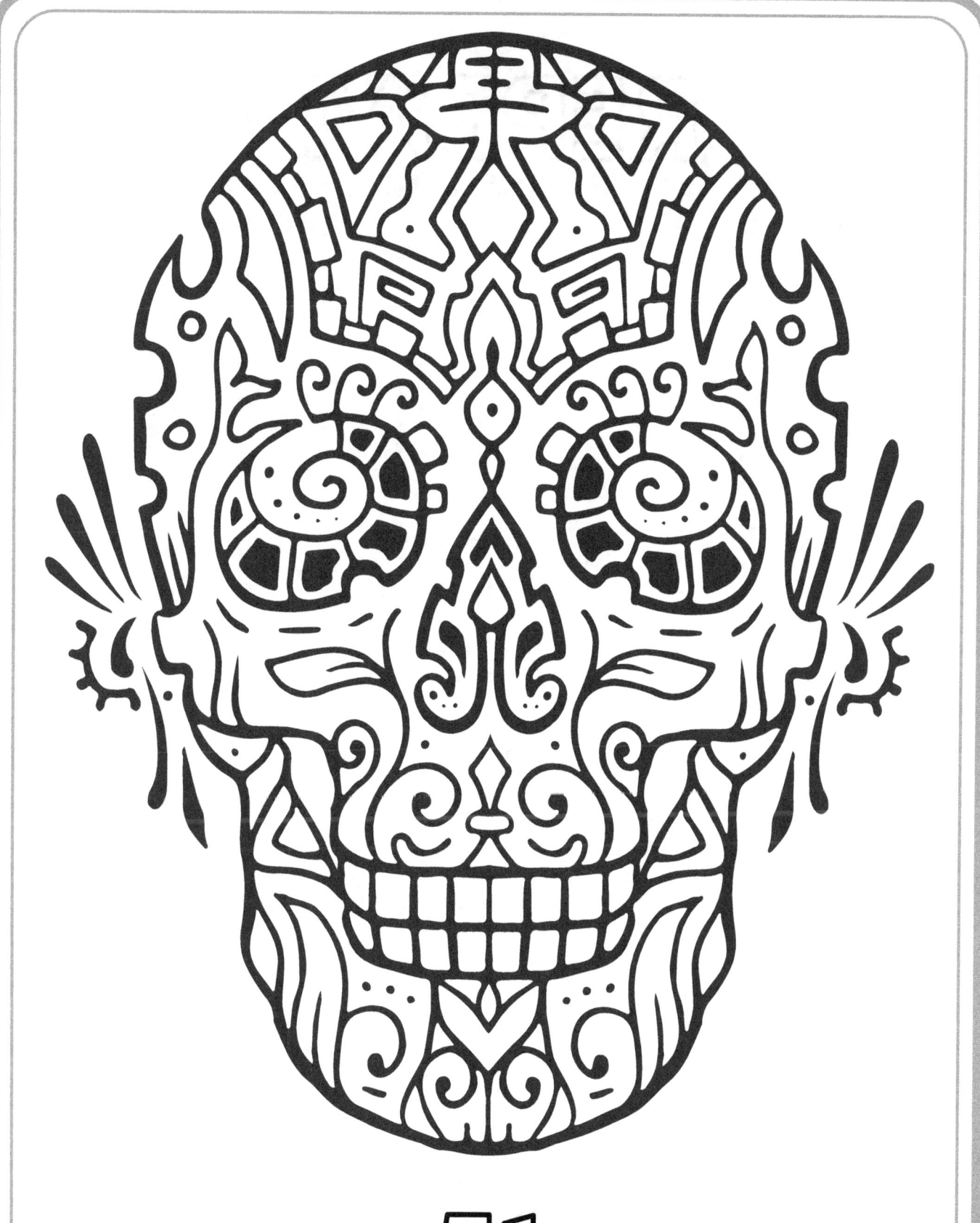

51

REPEAT

52

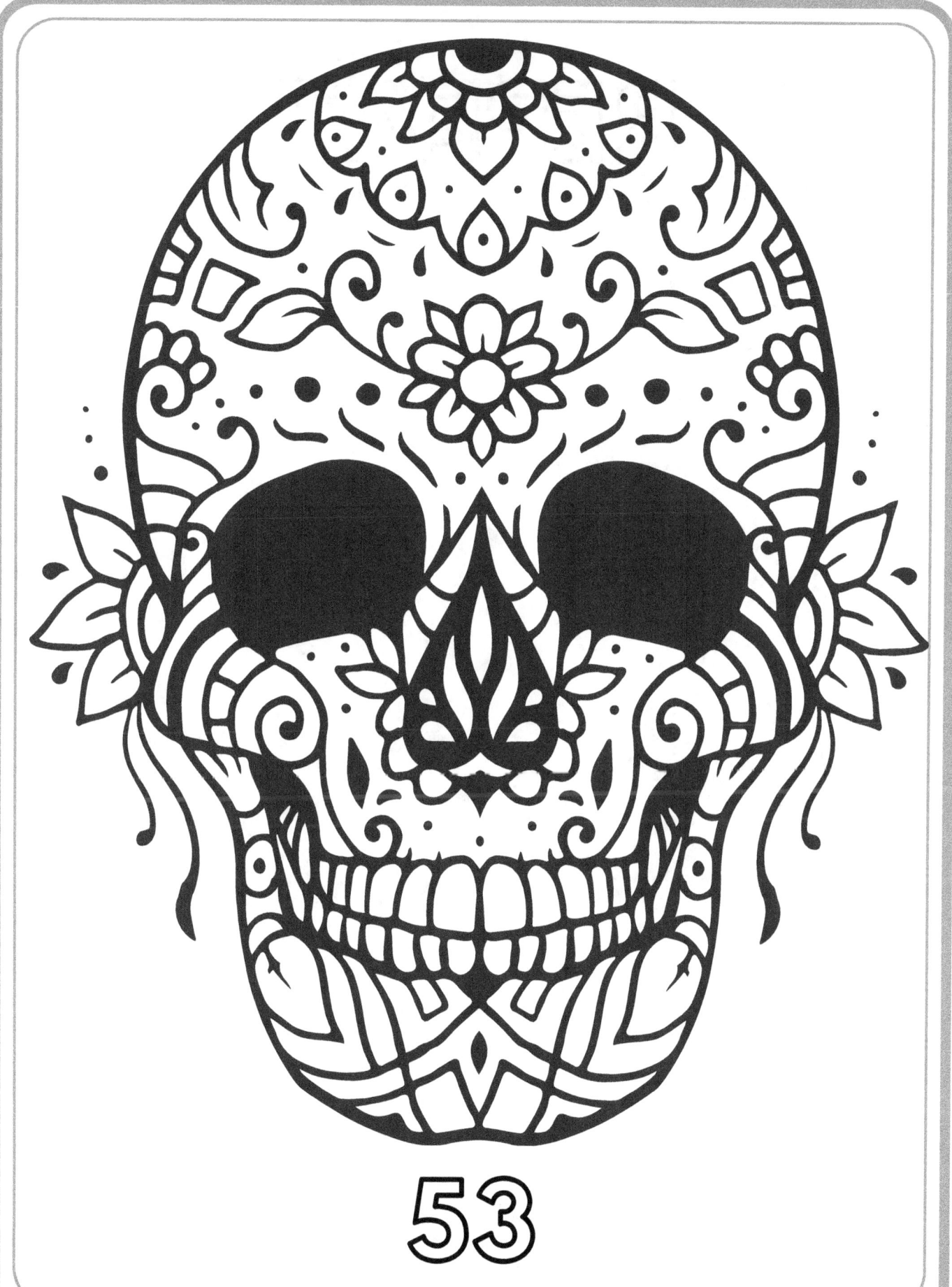

53

REPEAT

54

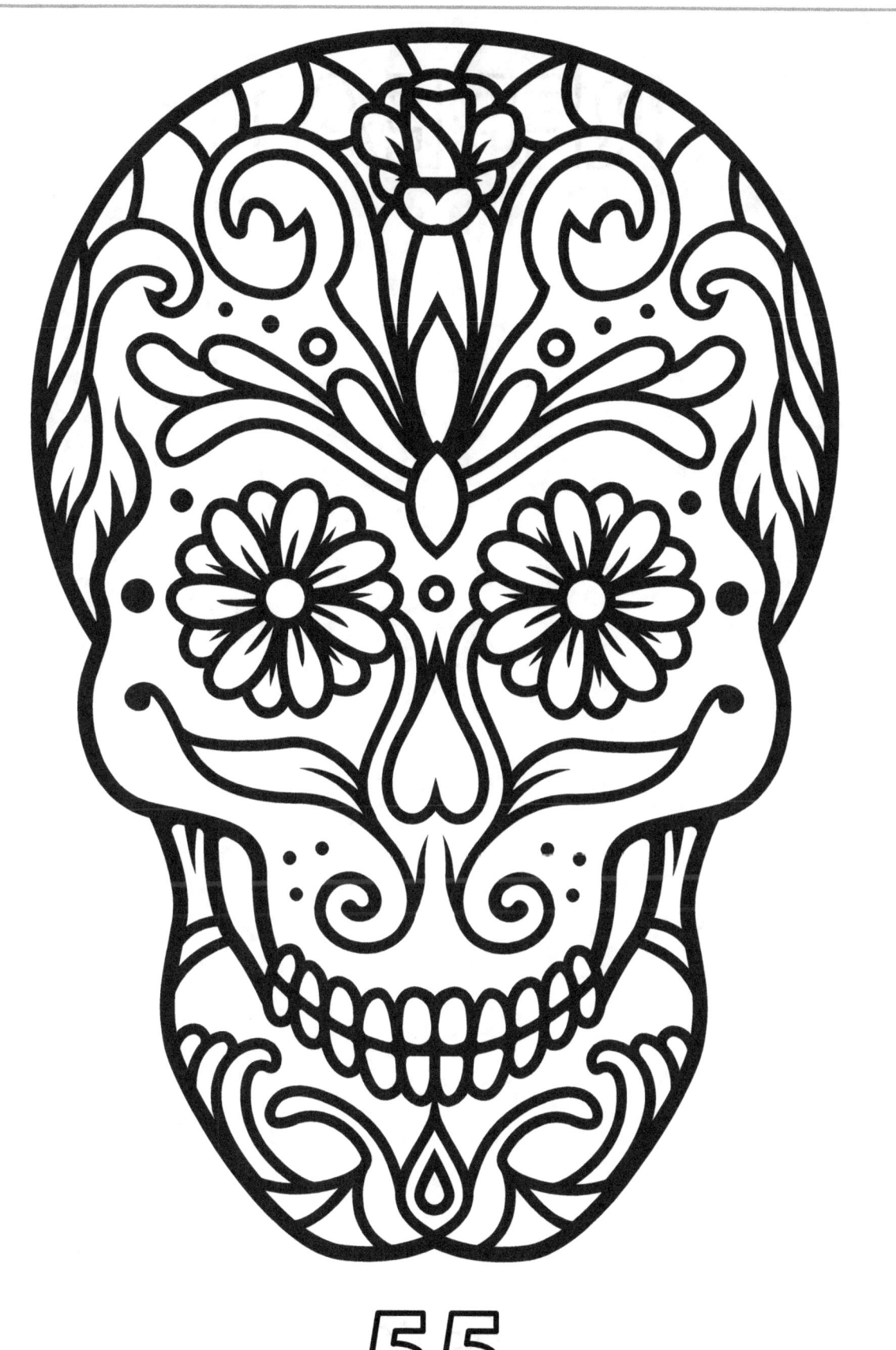

55

REPEAT

56

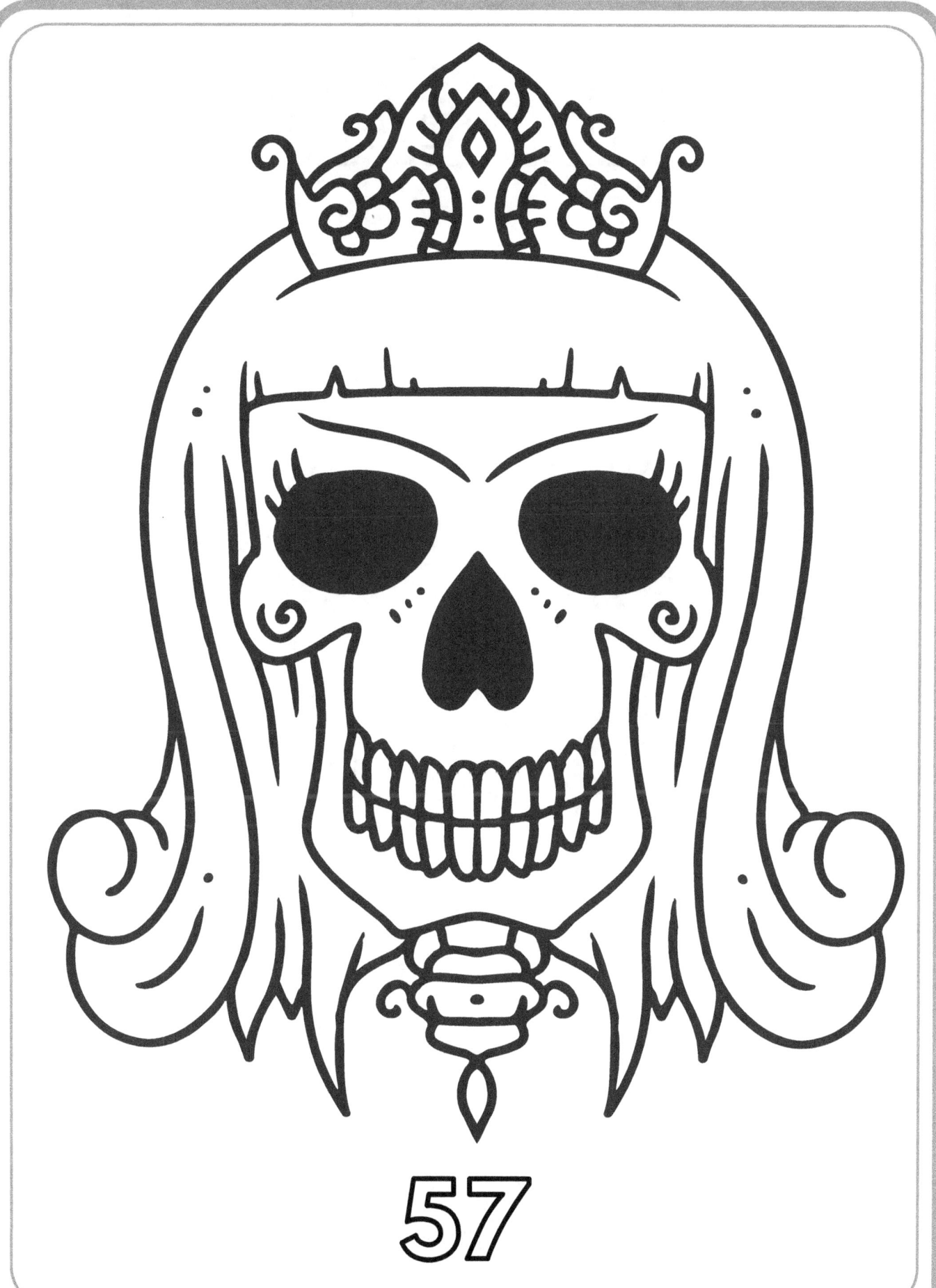

57

REPEAT

58

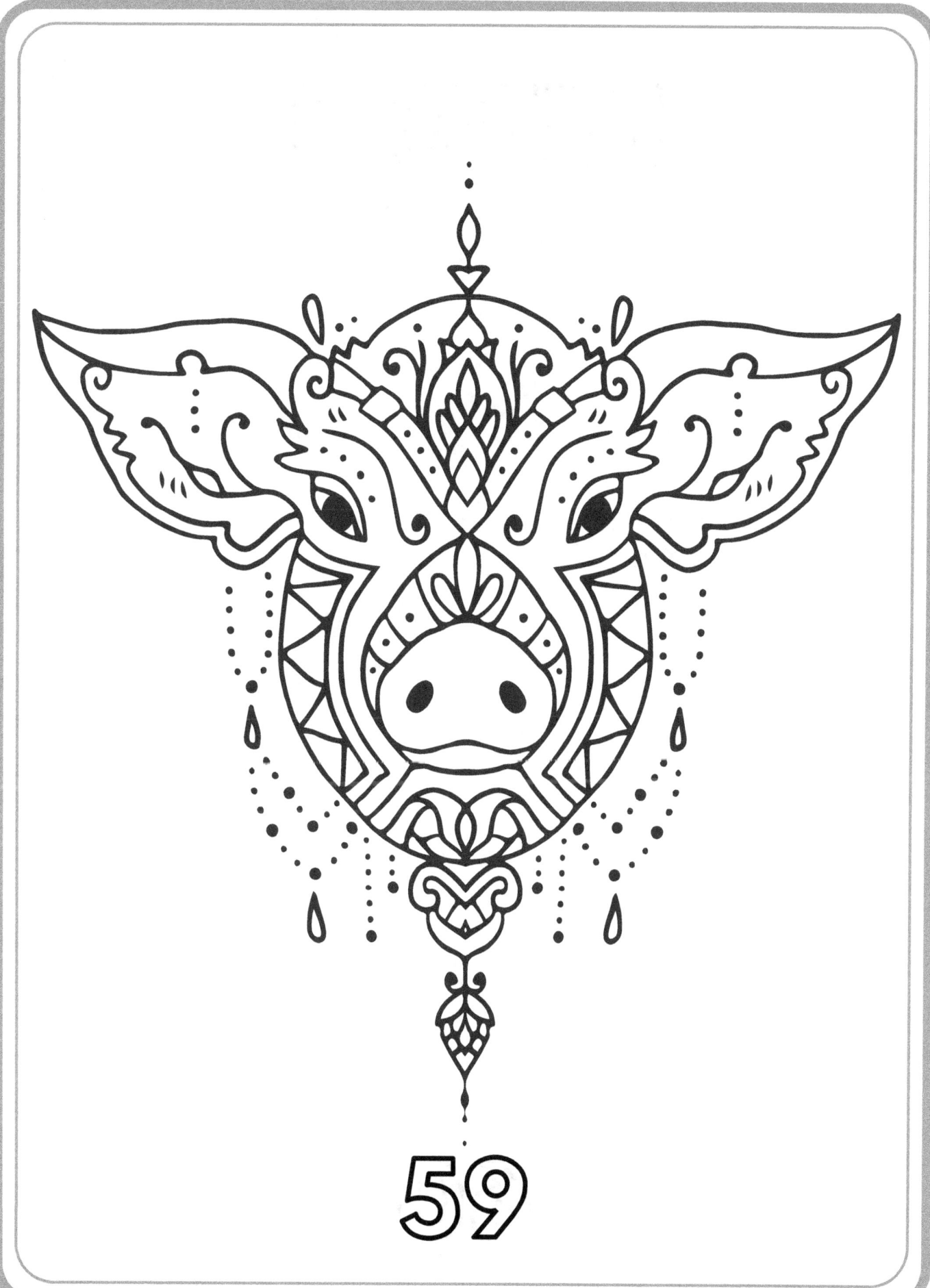

59

REPEAT

60

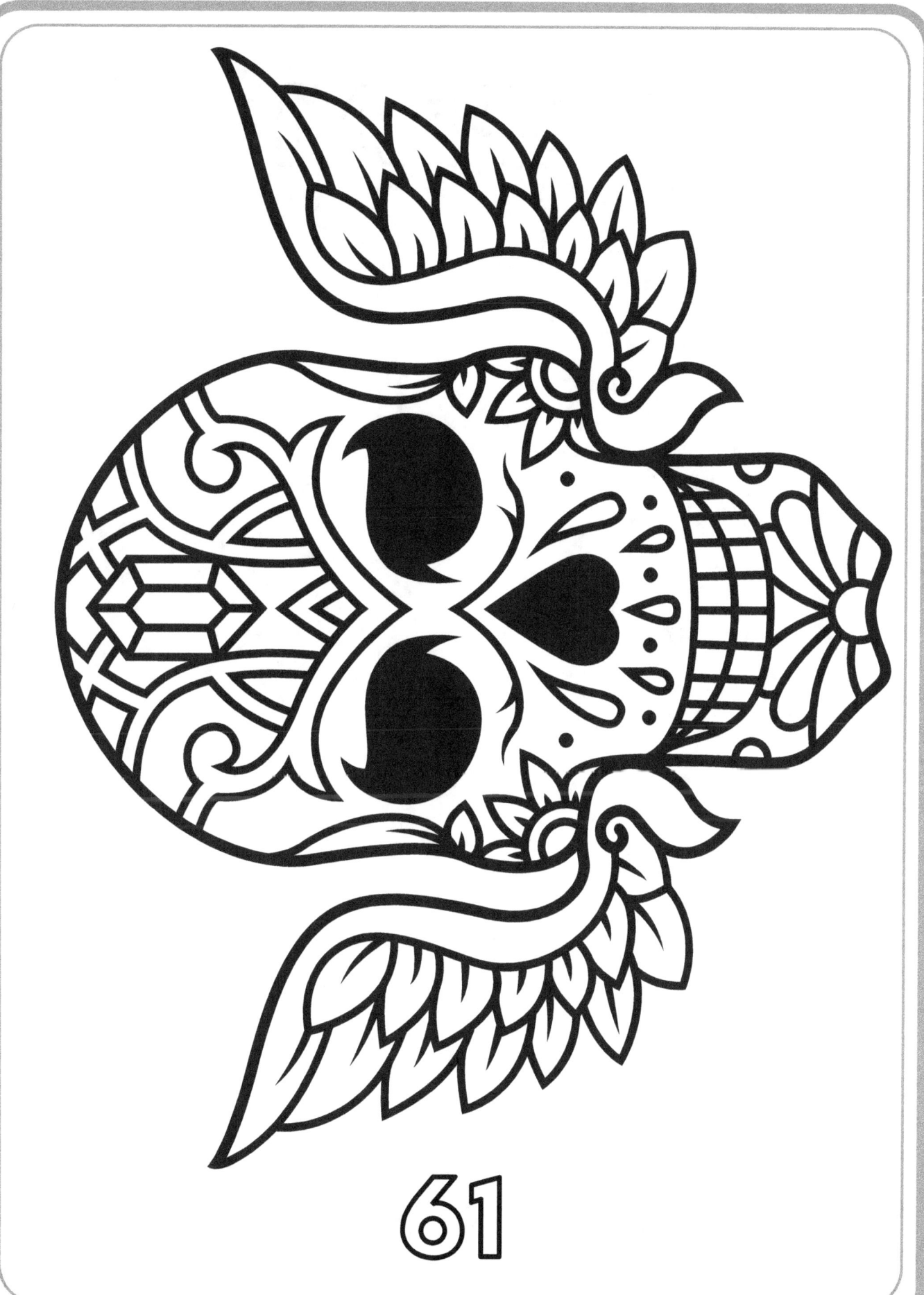

61

REPEAT

62

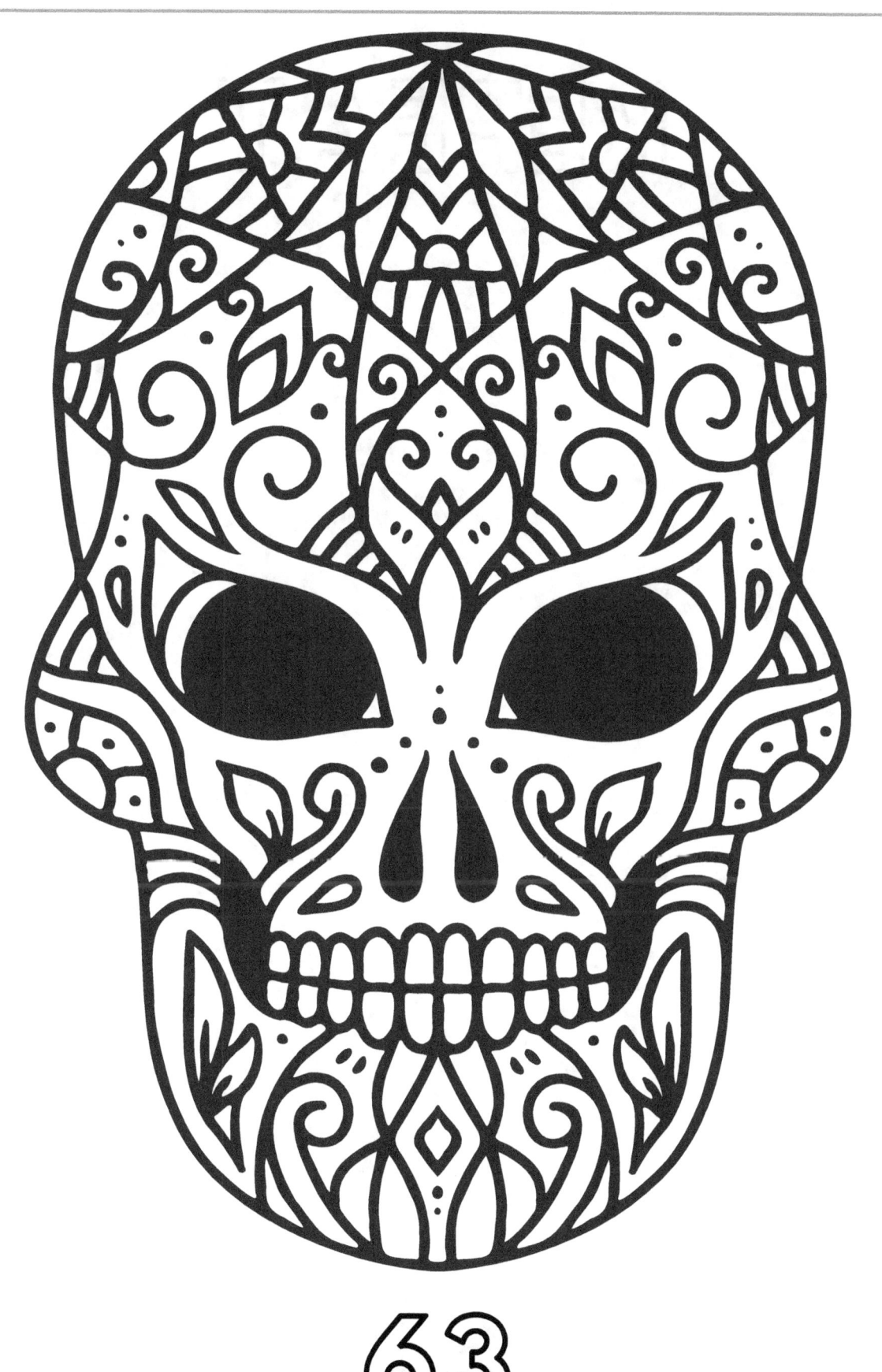

63

REPEAT

64

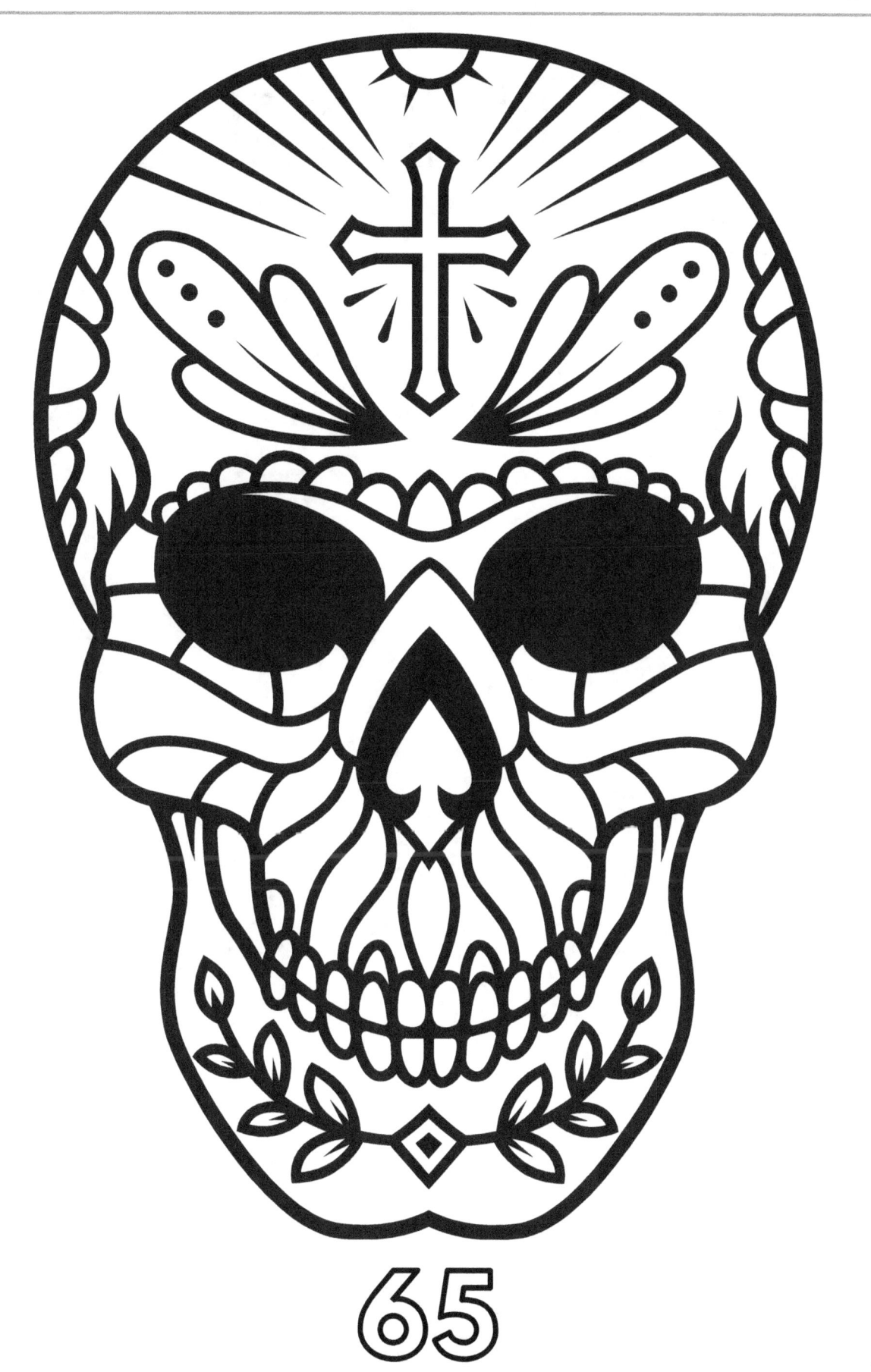

65

REPEAT

66

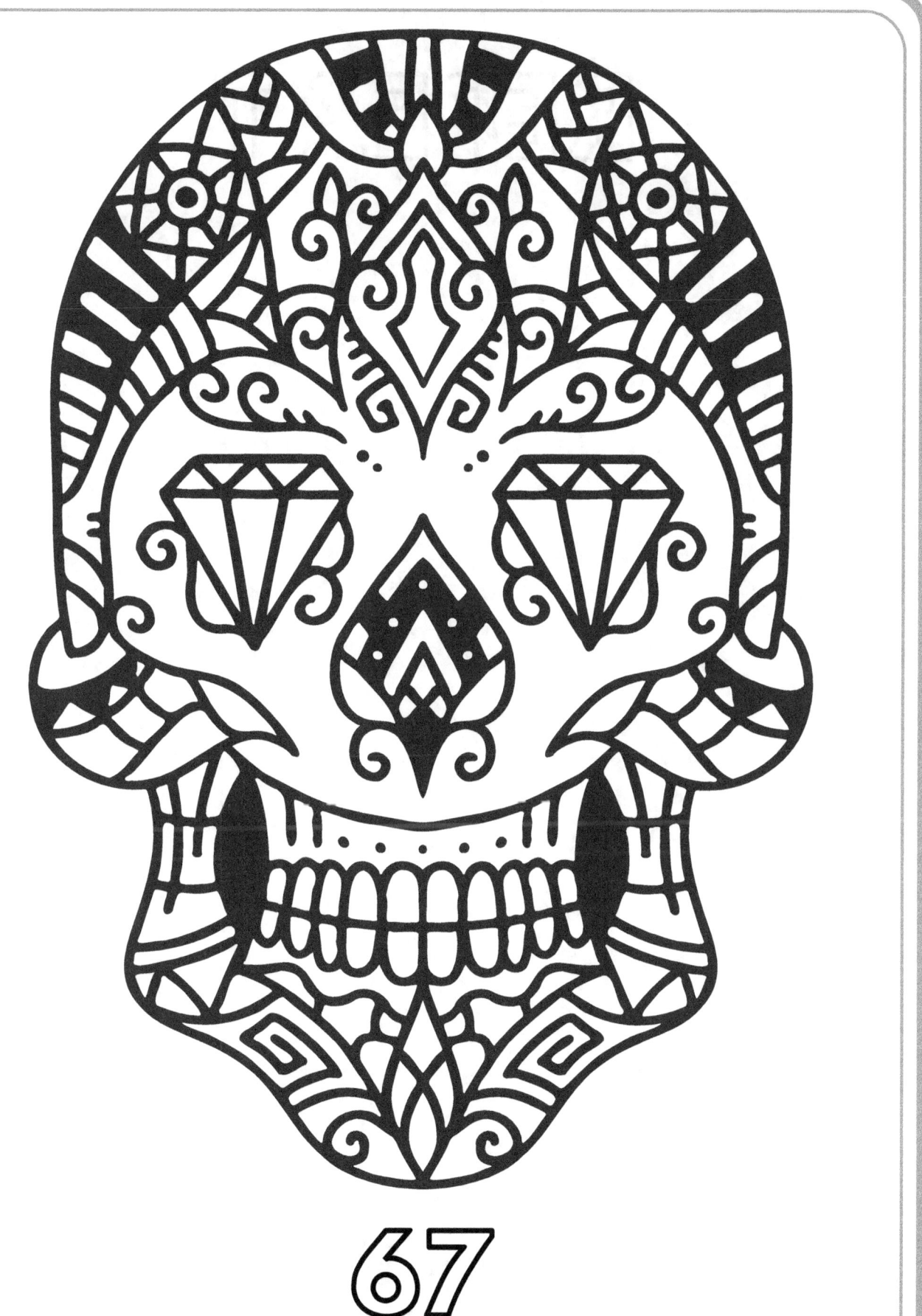

67

REPEAT

68

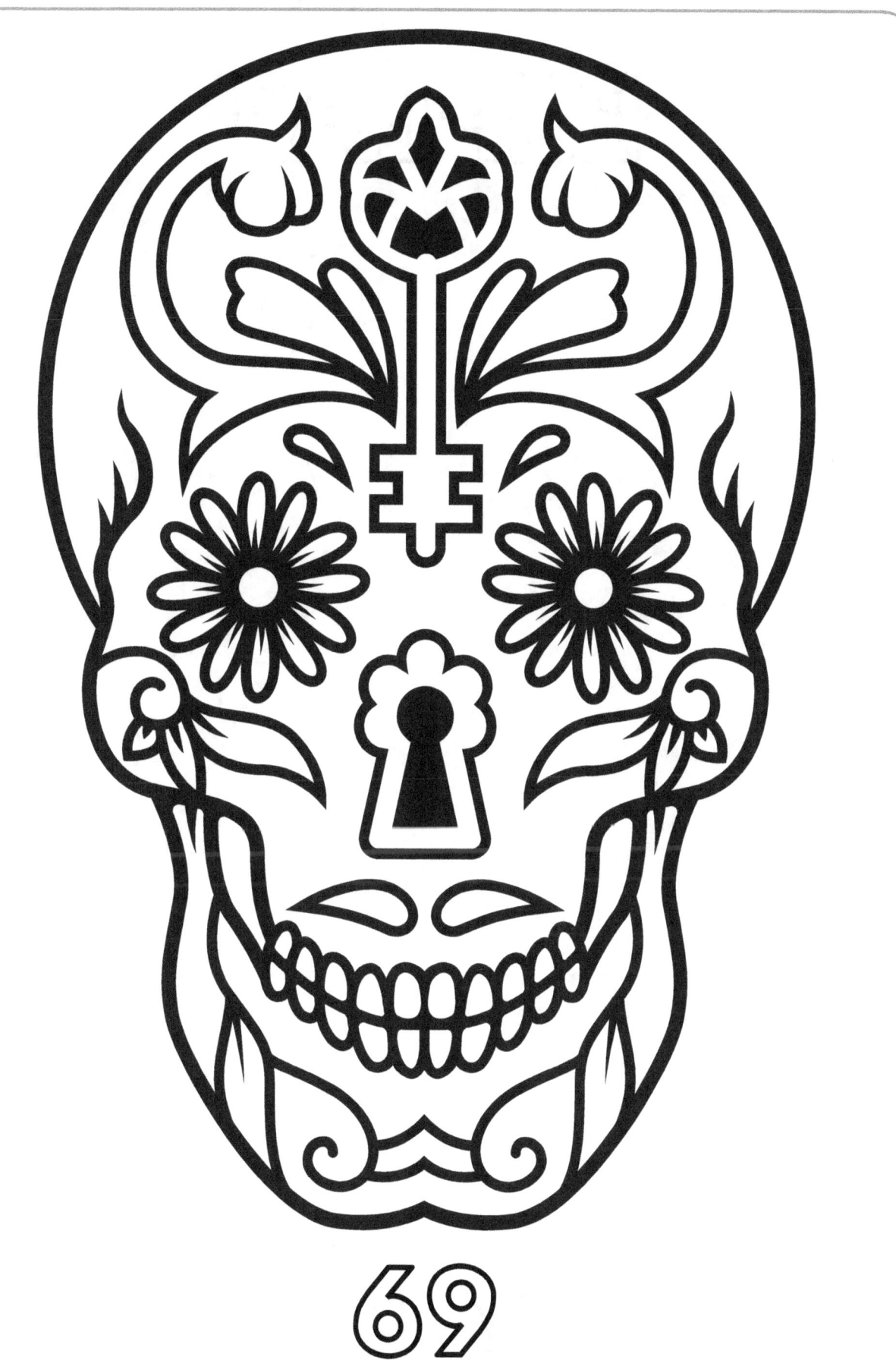

REPEAT

70

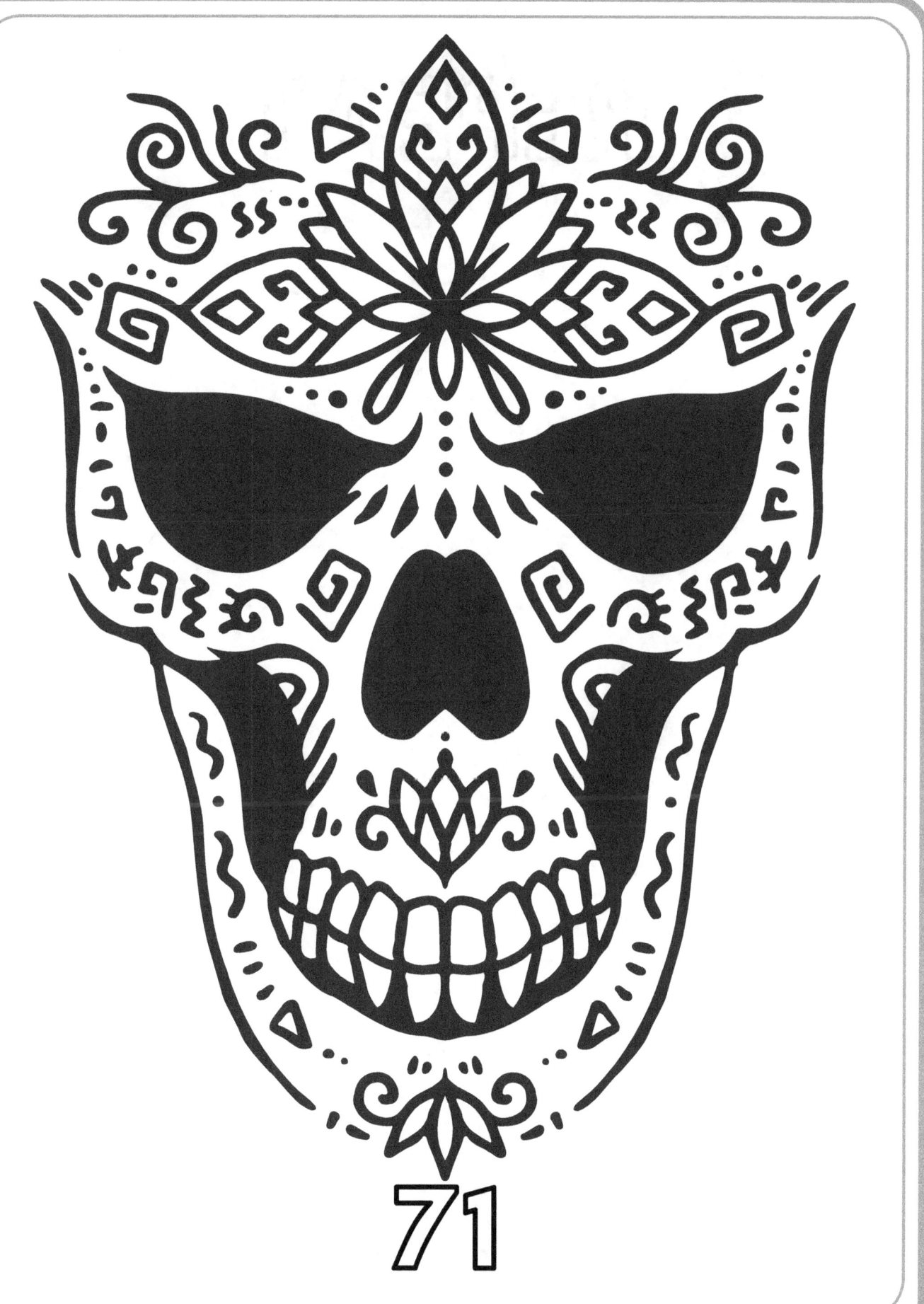

71

REPEAT

72

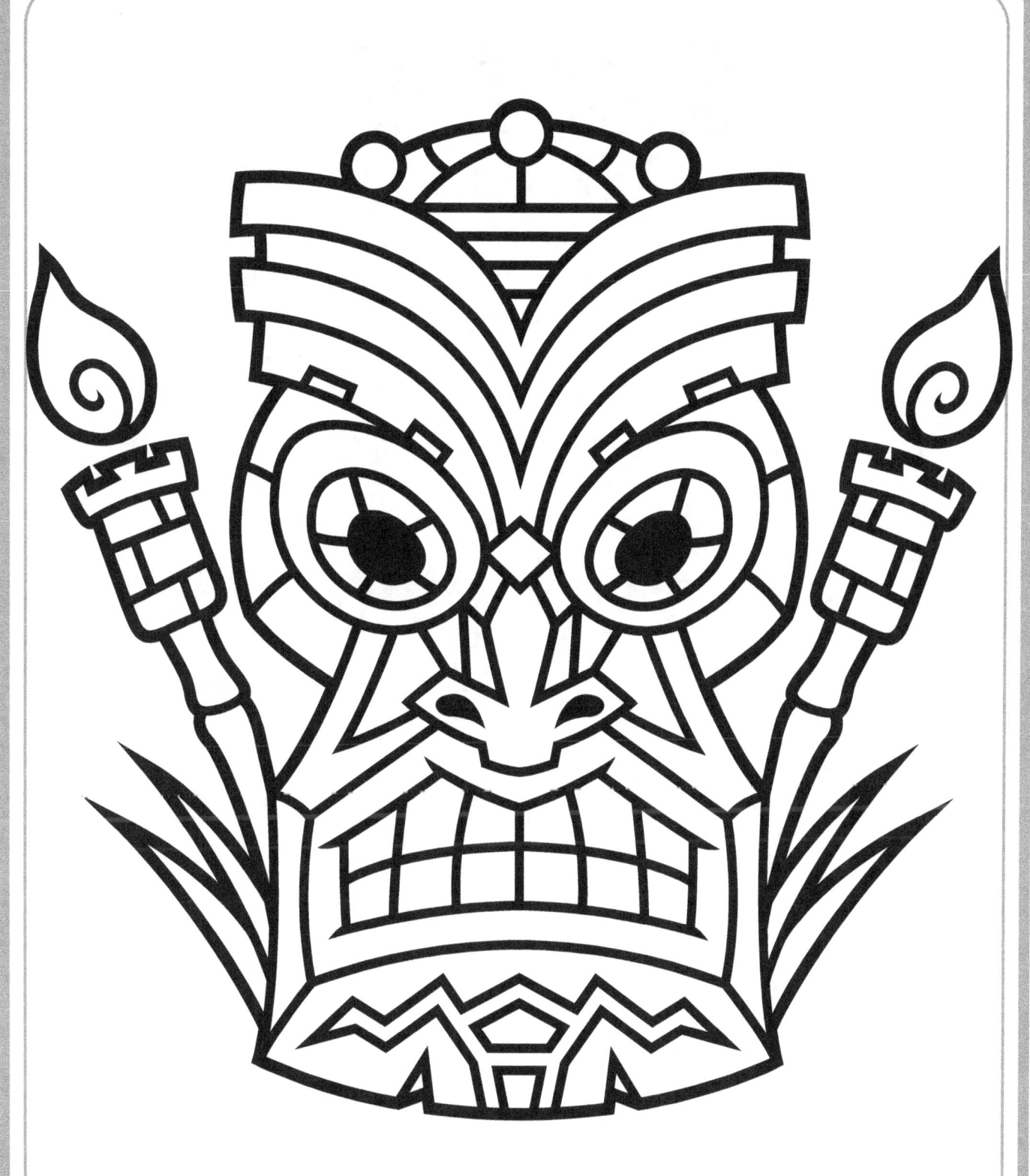

73

REPEAT

74

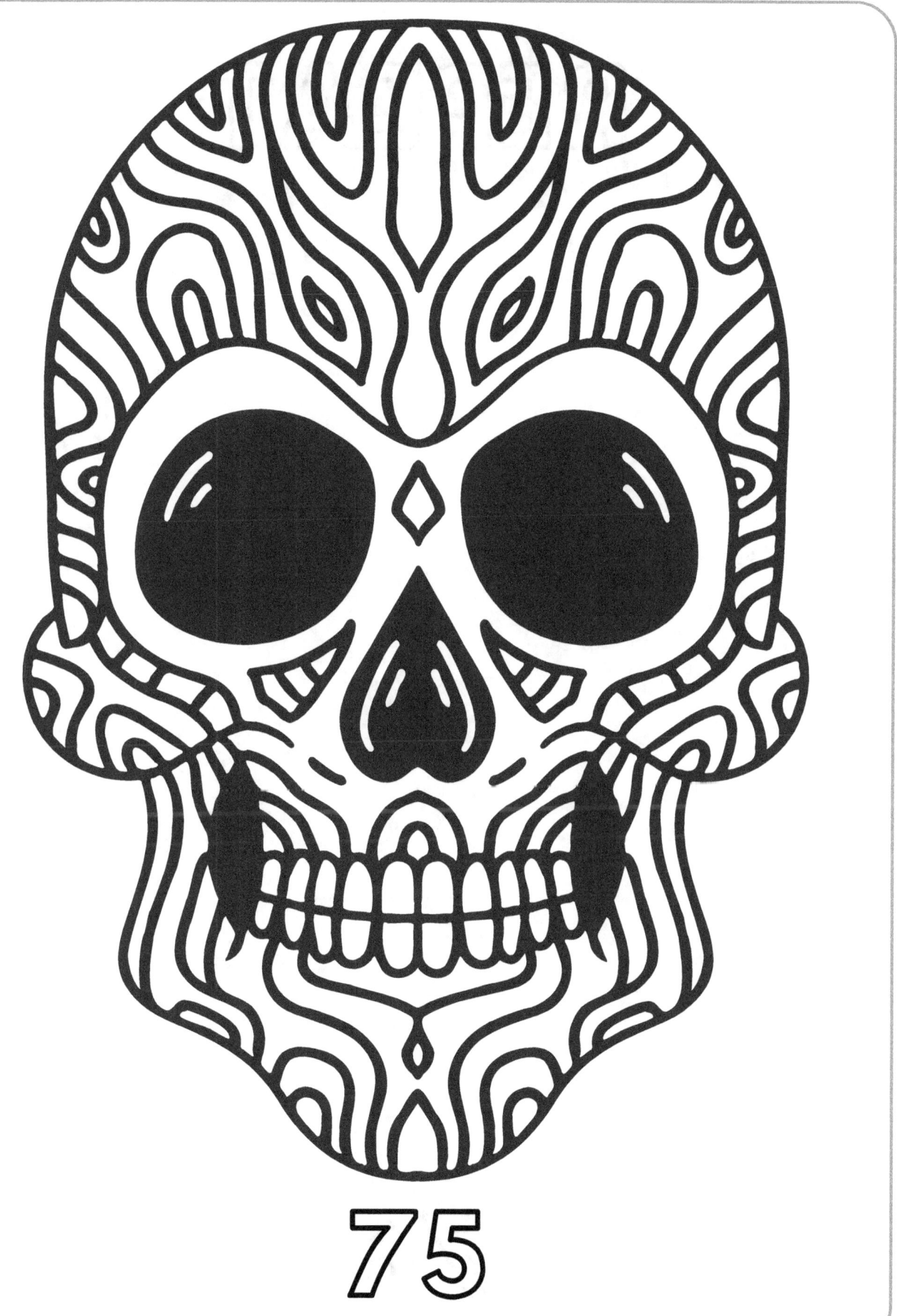

75

REPEAT

76

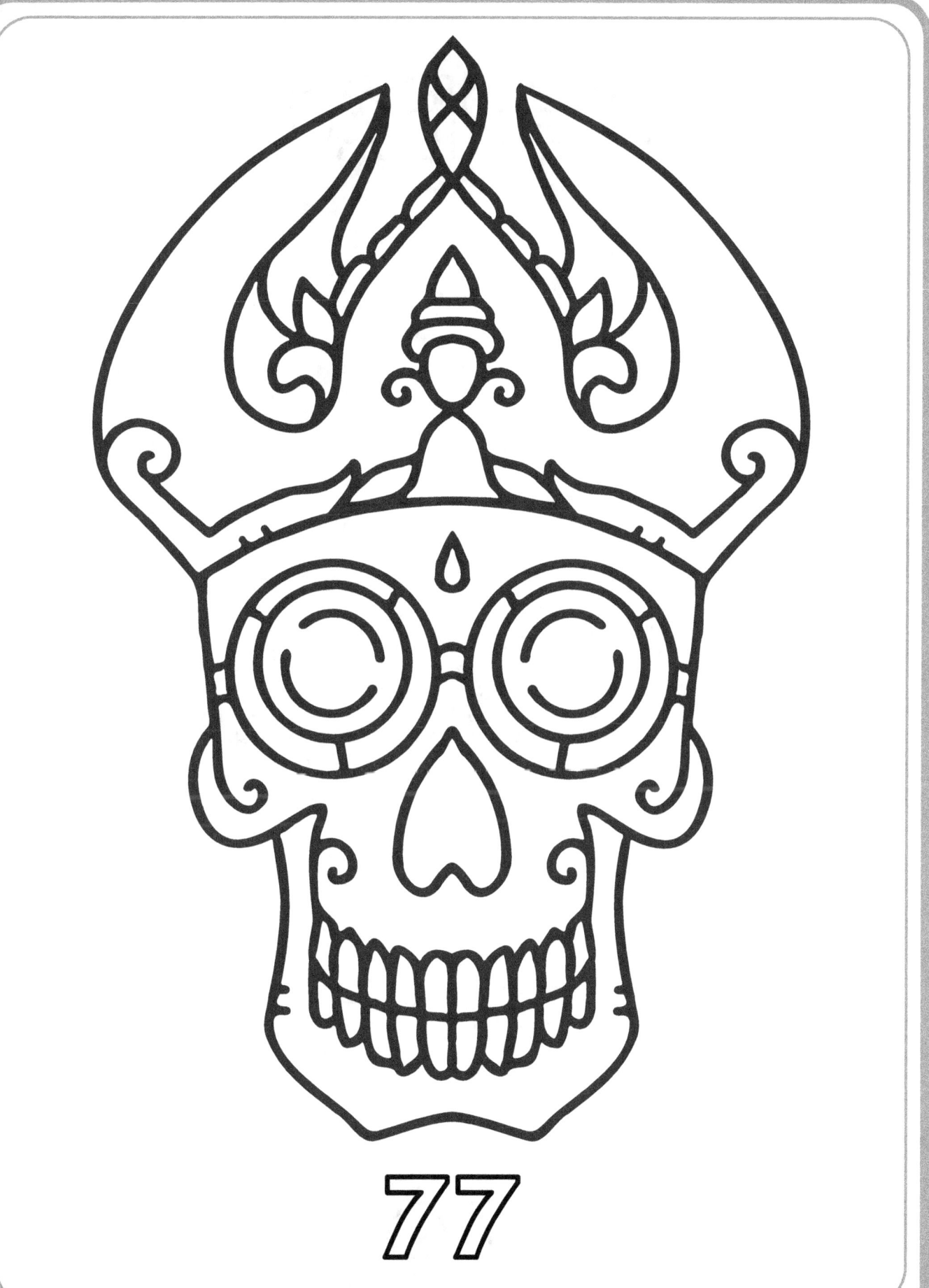

77

REPEAT

78

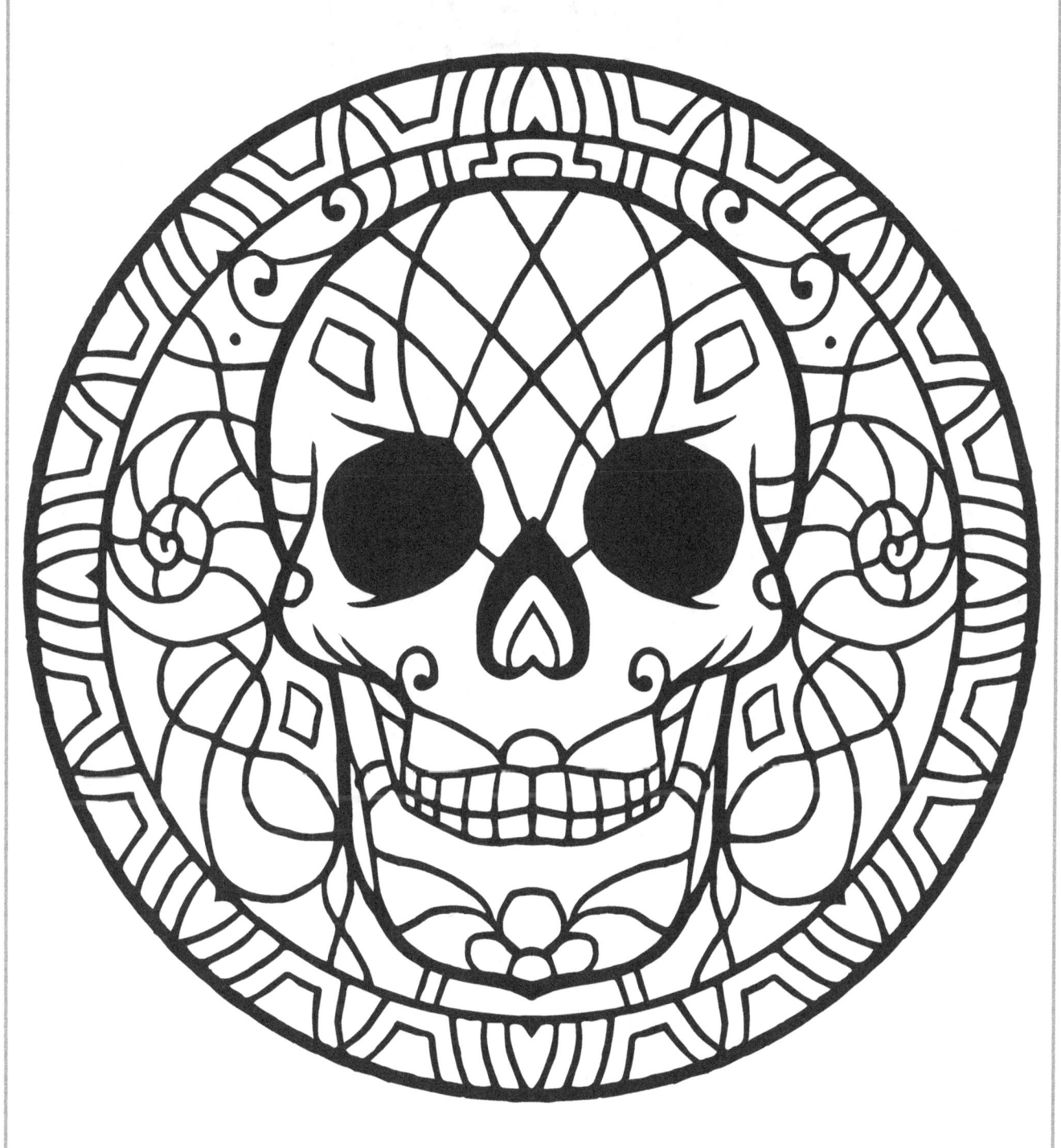

79

REPEAT

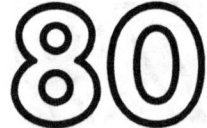

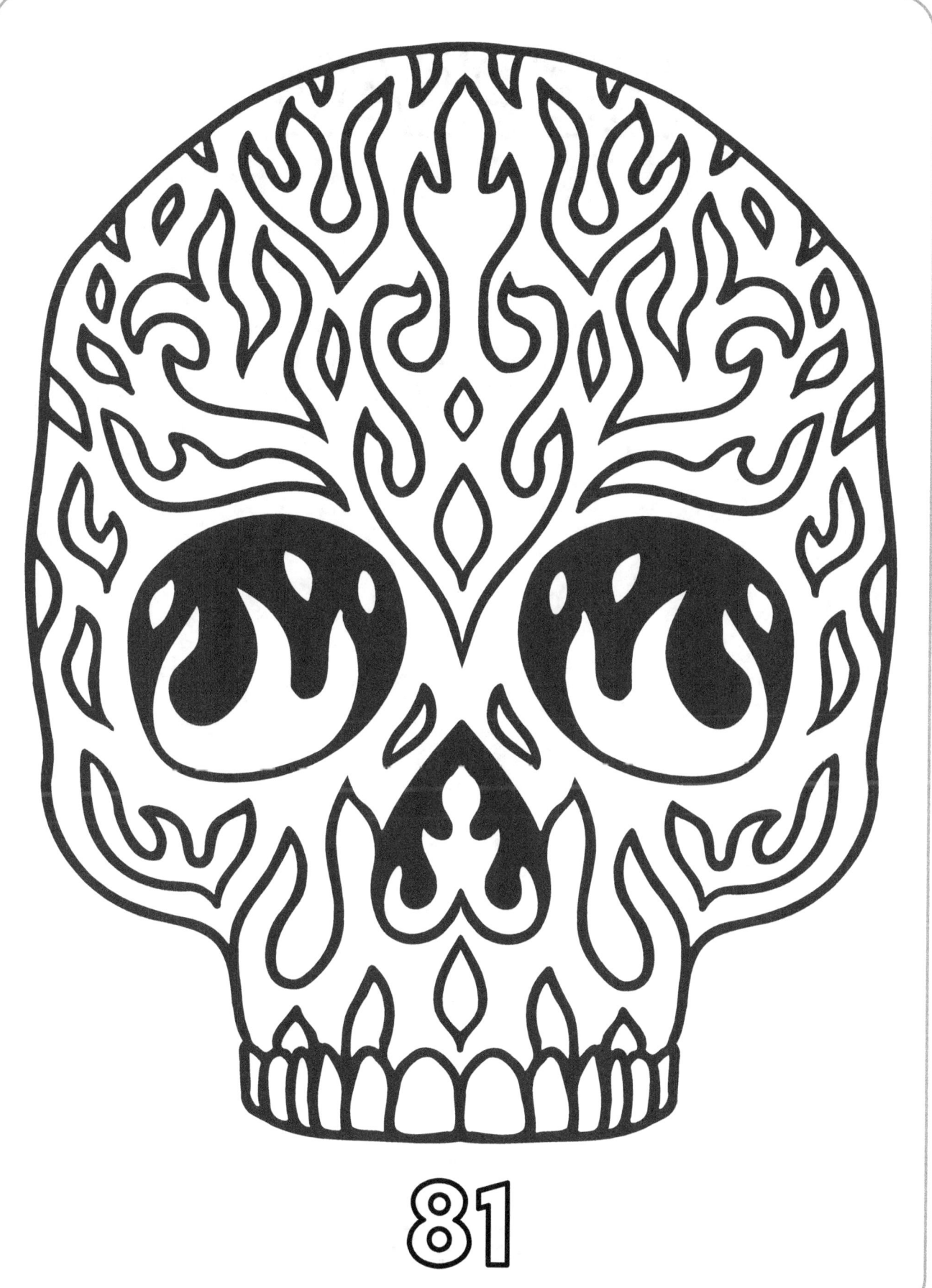

81

REPEAT

82

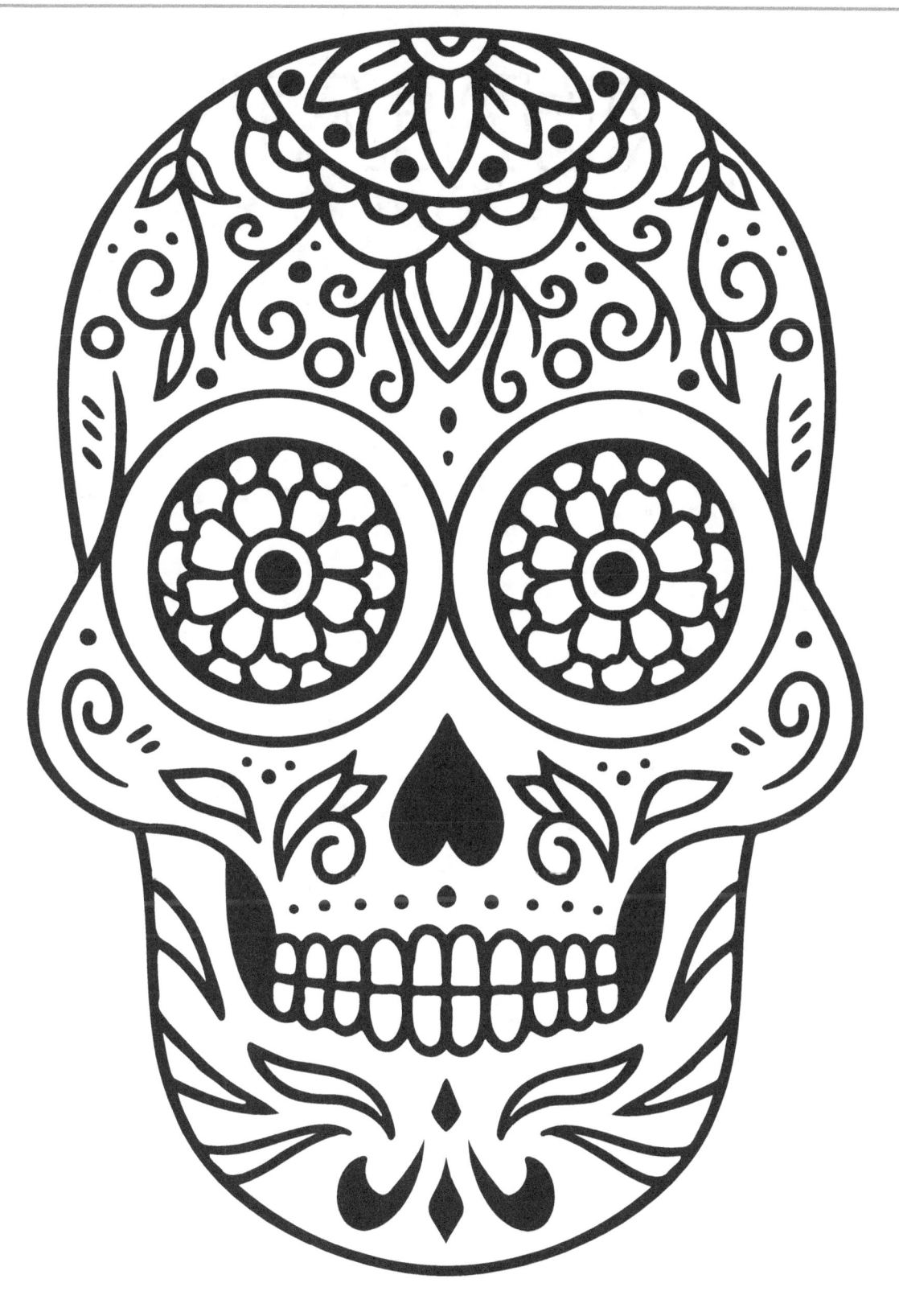

83

REPEAT

84

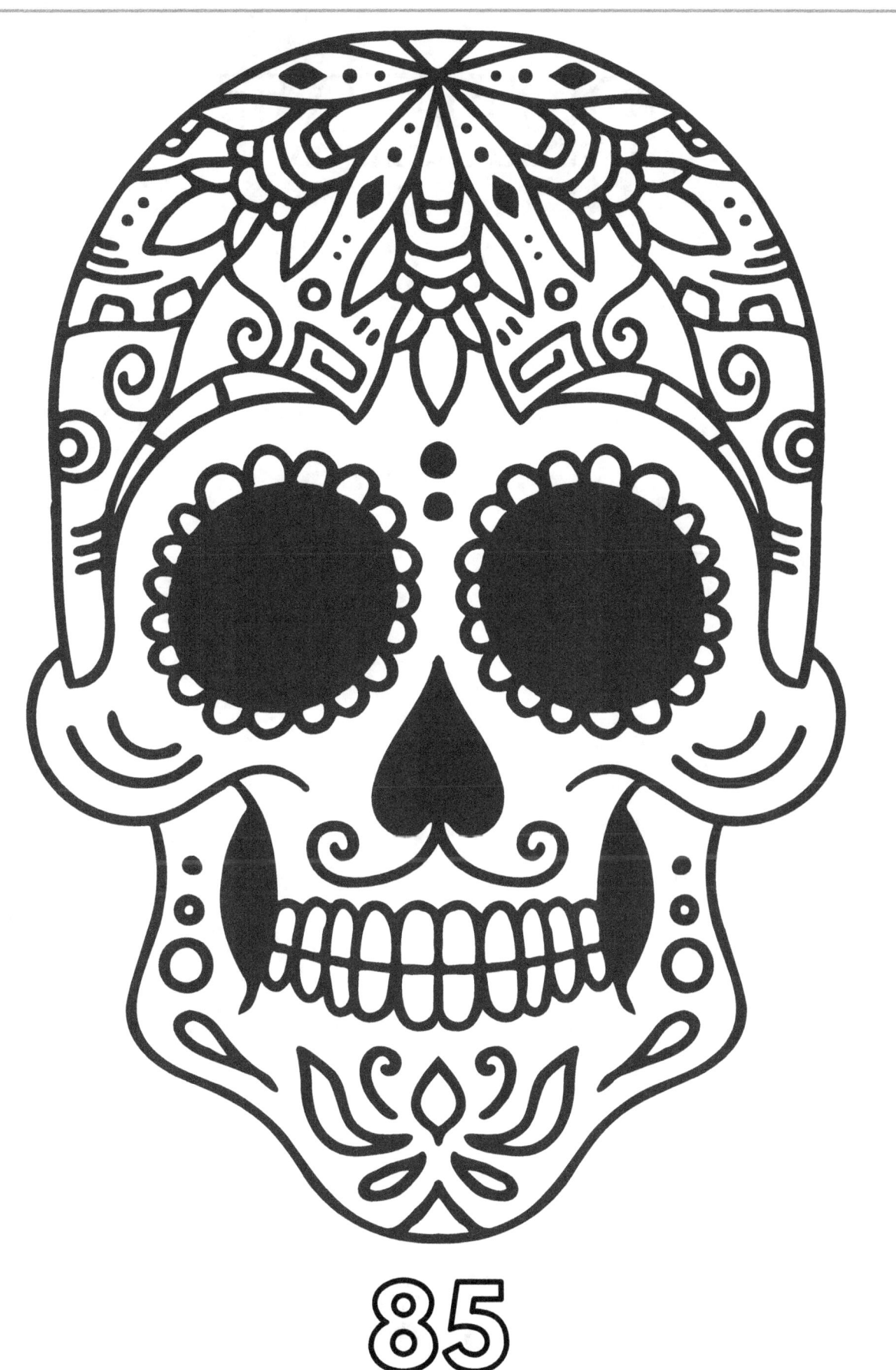

85

REPEAT

86

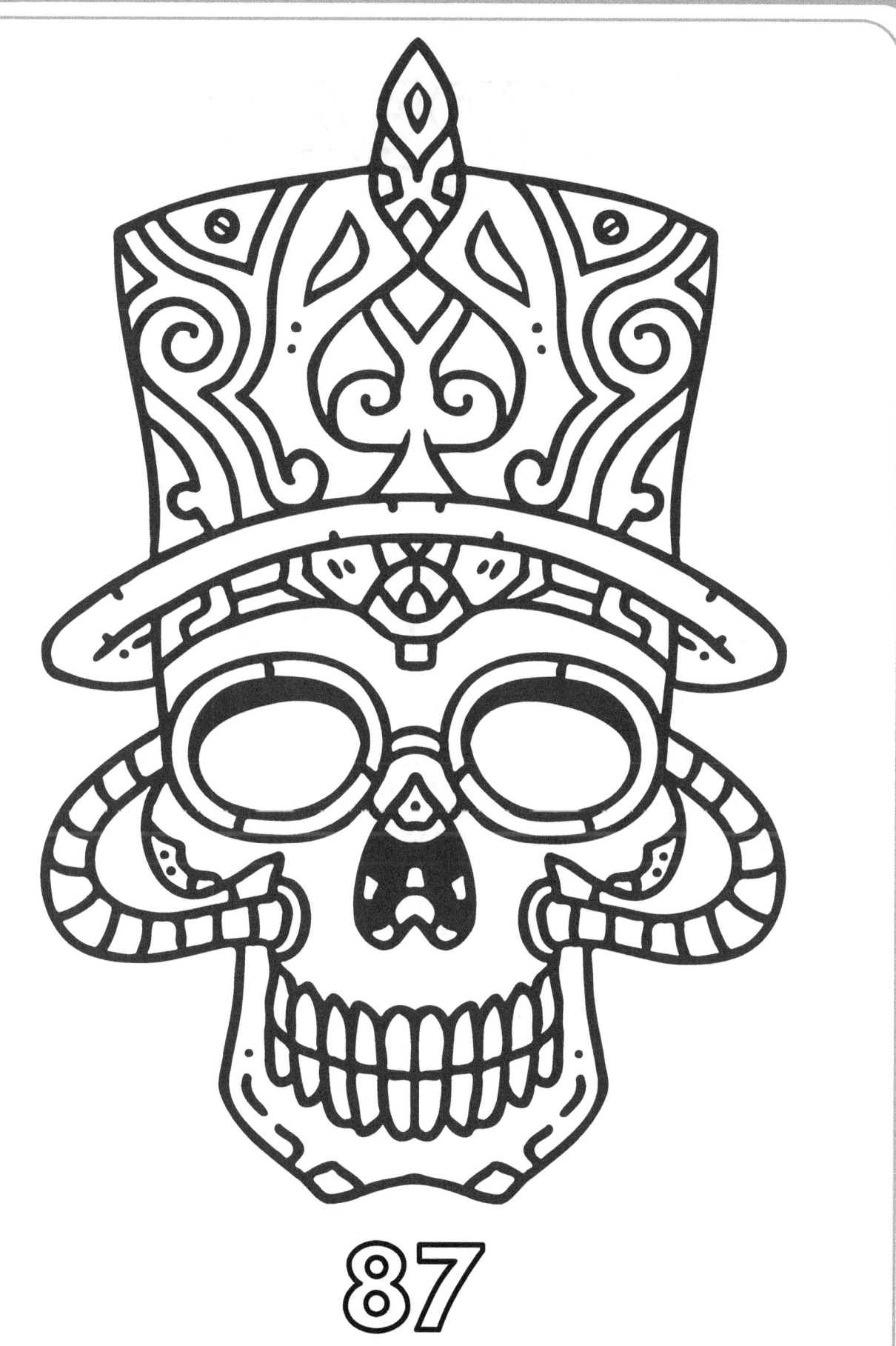

87

REPEAT

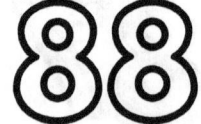

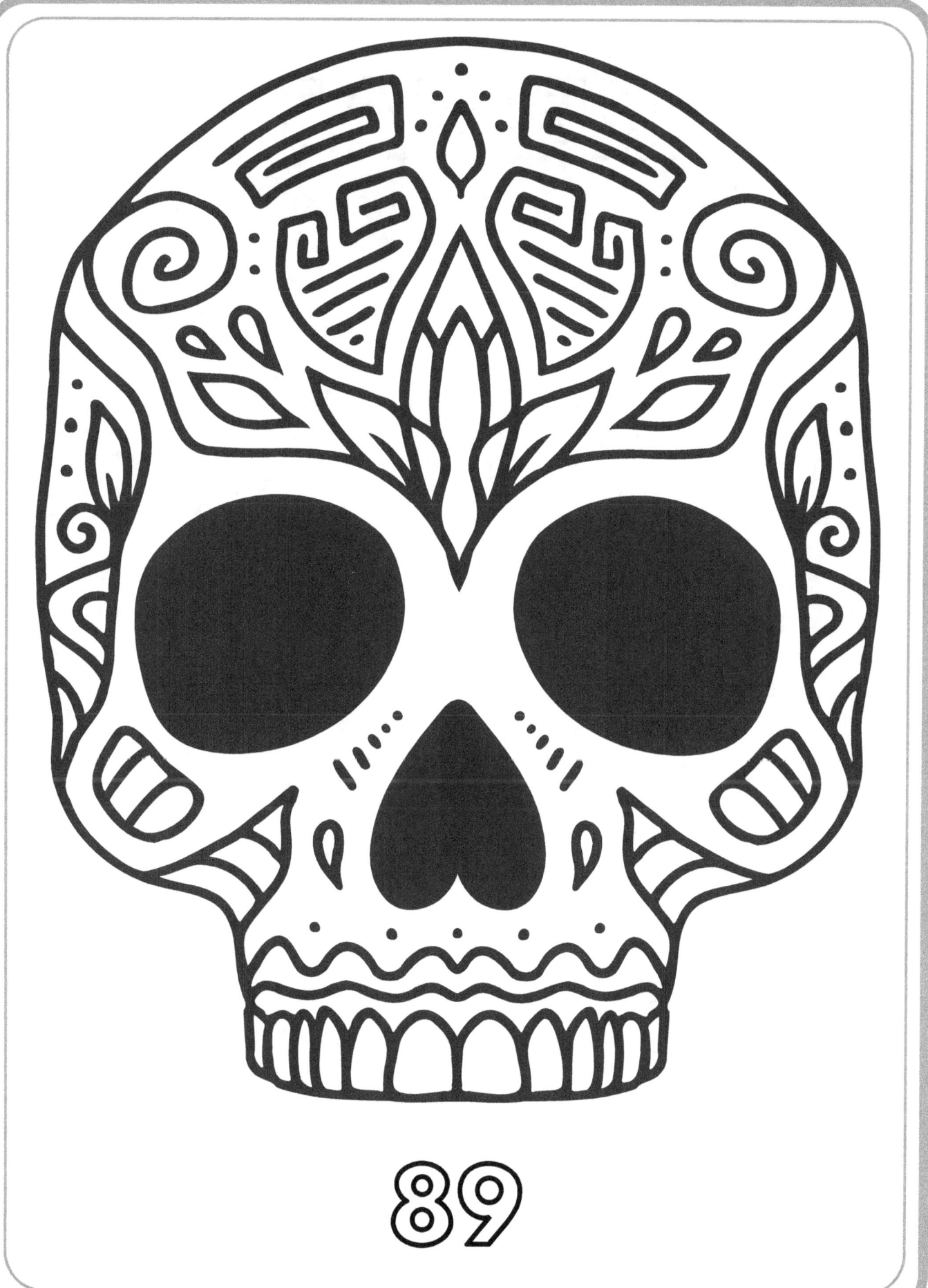

89

REPEAT

90

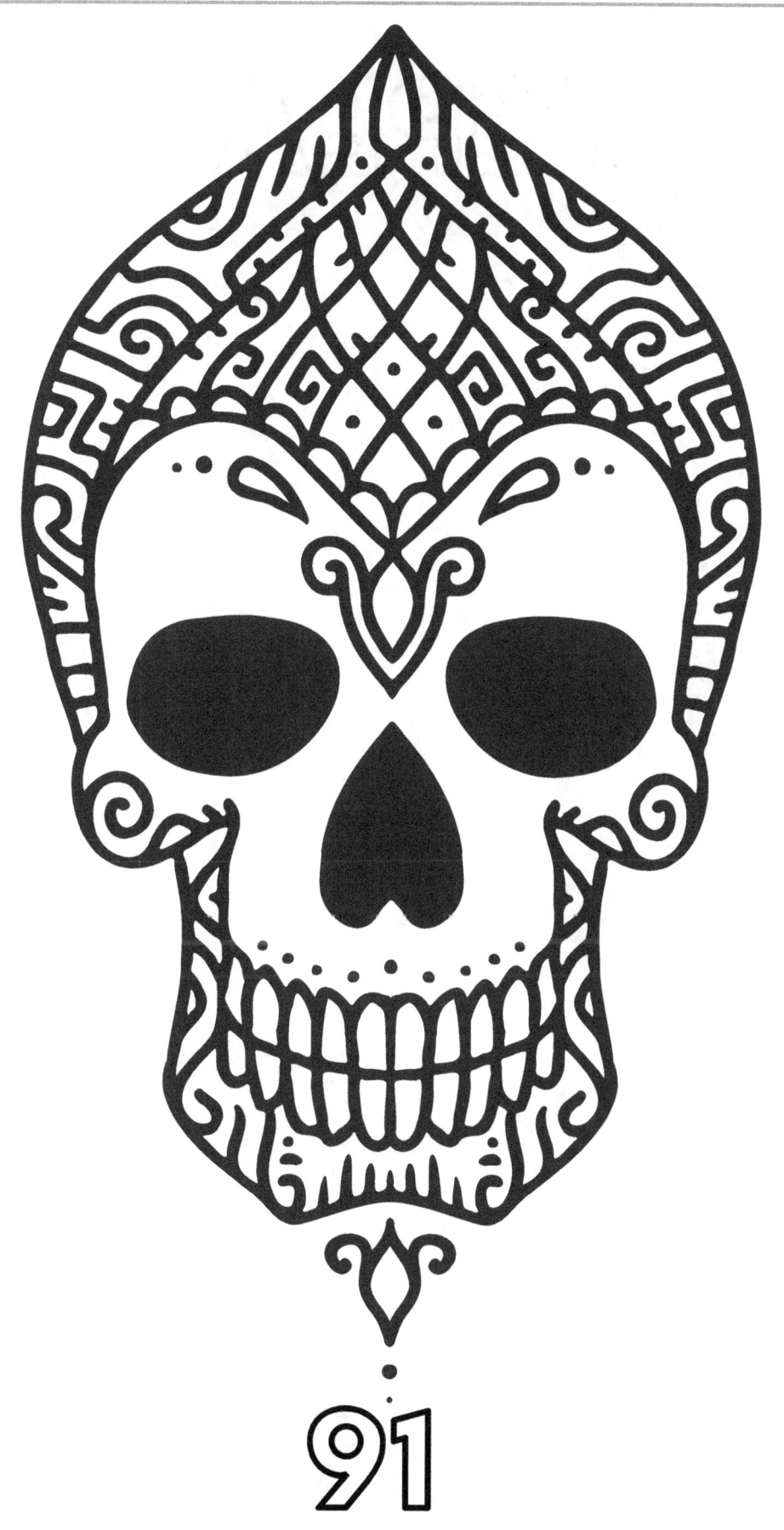

91

REPEAT

92

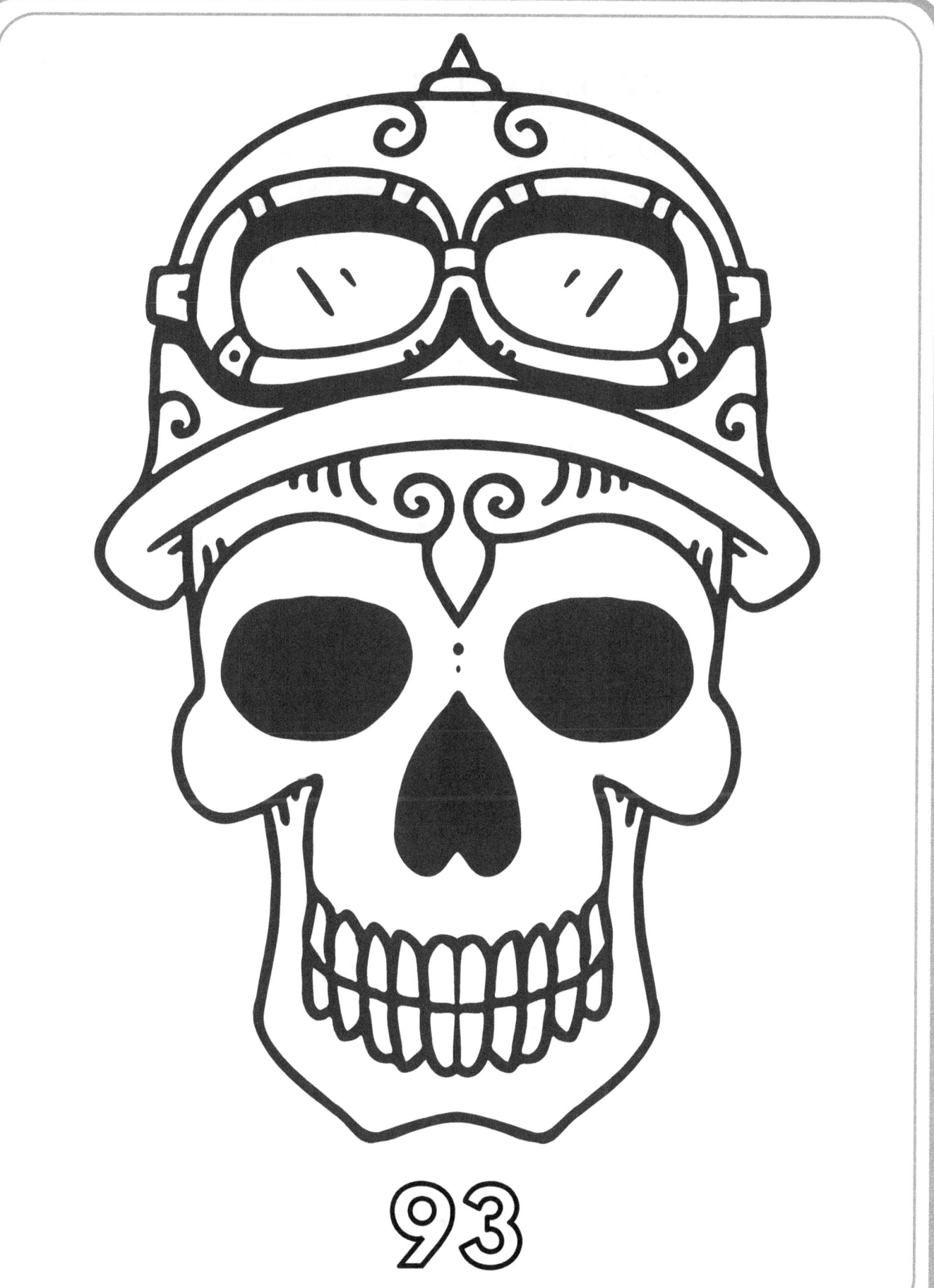

93

REPEAT

94

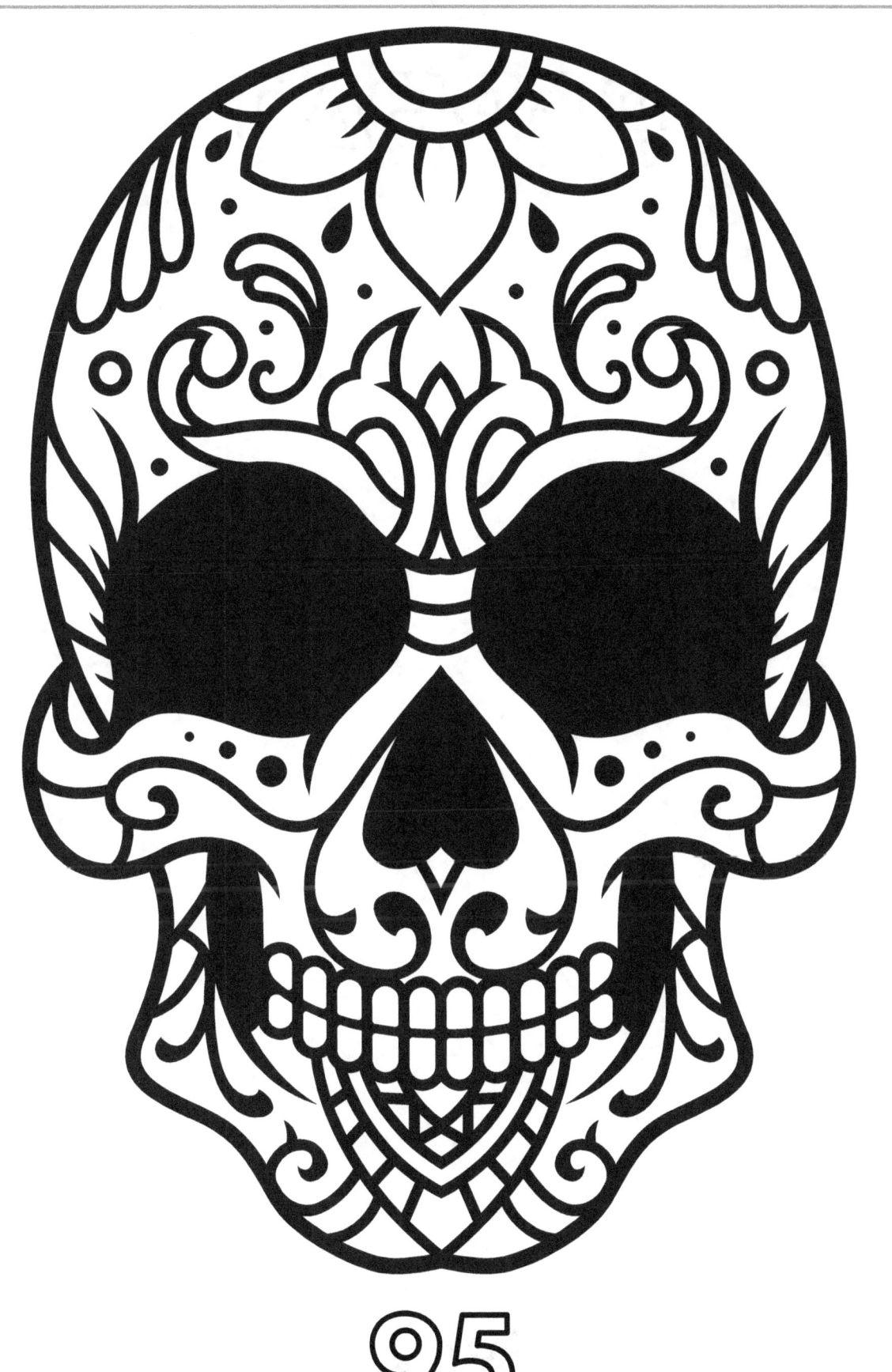

95

REPEAT

96

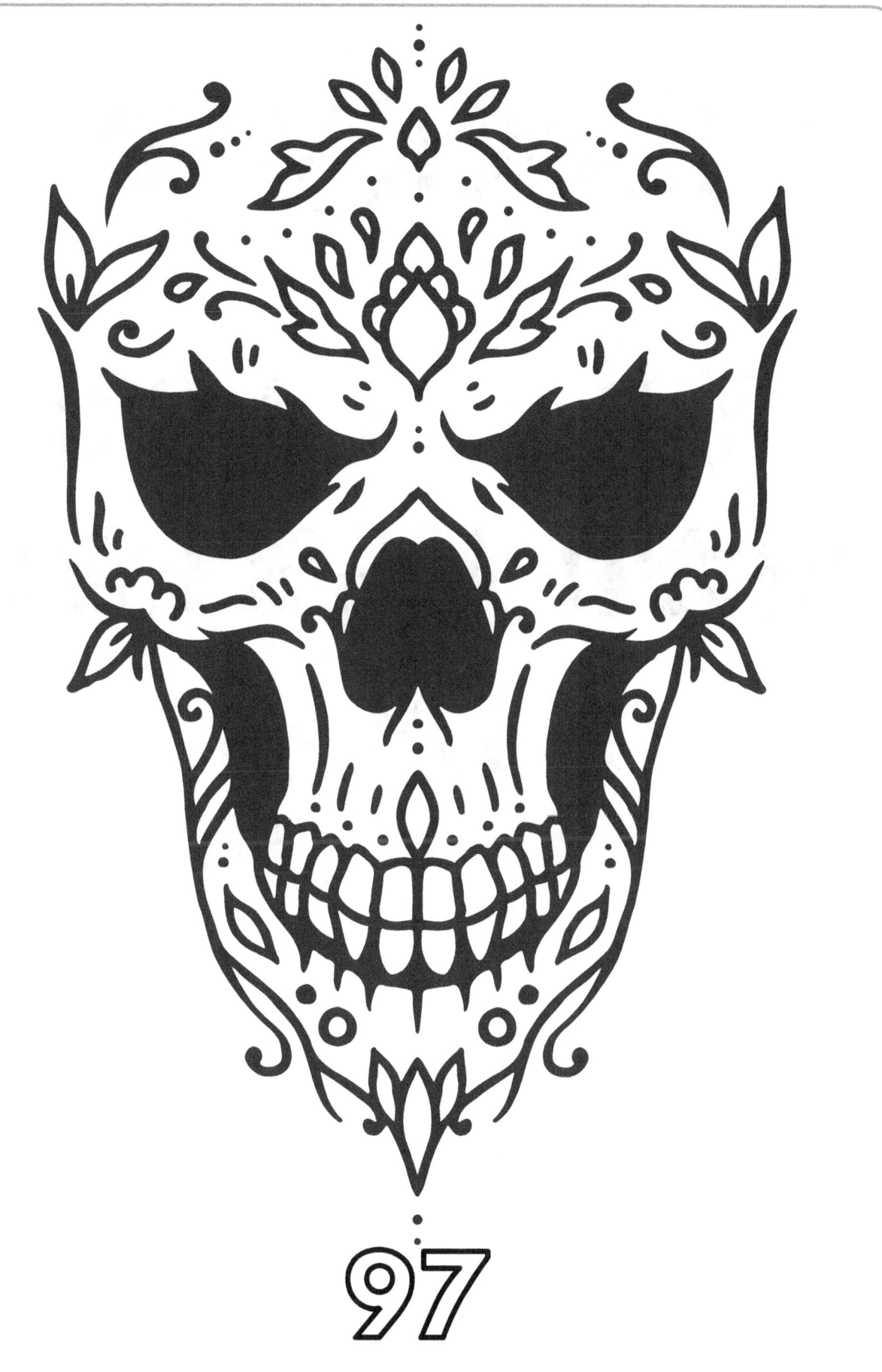

THANK YOU !

I HOPE YOU HAD A GREAT TIME.